Francesco Petrarca

Die Besteigung des Mont Ventoux

Lateinisch / Deutsch

Übersetzt und herausgegeben
von Kurt Steinmann

Philipp Reclam jun. Stuttgart

Franciscae T. Alpium
amantissimae

Der Übersetzer dankt der Pro Helvetia
für einen 1992 gewährten Werkbeitrag

RECLAMS UNIVERSAL-BIBLIOTHEK Nr. 887
© 1995 Philipp Reclam jun. GmbH & Co., Stuttgart
Umschlagabbildung: Bildnis des Francesco Petrarca
Zeichnung von Joachim von Sandrart (1606–1688)
Gesamtherstellung: Reclam, Ditzingen. Printed in Germany 2004
RECLAM, UNIVERSAL-BIBLIOTHEK und
RECLAMS UNIVERSAL-BIBLIOTHEK sind eingetragene Marken
der Philipp Reclam jun. GmbH & Co., Stuttgart
ISBN 3-15-000887-5

www.reclam.de

Die Besteigung des Mont Ventoux

Familiarium rerum libri IV 1

Ad Dyonisium de Burgo
Sancti Sepulcri

(1) Altissimum regionis huius montem, quem non immerito Ventosum vocant, hodierno die, sola videndi insignem loci altitudinem cupiditate ductus, ascendi. Multis iter hoc annis in animo fuerat; ab infantia enim his in locis, ut nosti, fato res hominum versante, versatus sum; mons autem hic late undique conspectus, fere semper in oculis est.

(2) Cepit impetus tandem aliquando facere quod quotidie faciebam, precipue postquam relegenti pridie res romanas apud Livium forte ille michi locus occurrerat, ubi Philippus Macedonum rex – is qui cum populo Romano bellum gessit – Hemum montem thesalicum conscendit, e cuius vertice duo maria videri, Adriaticum et Euxinum, fame crediderat, vere ne an falso satis comperti nichil habeo, quod et mons a nostro orbe semotus et scriptorum dissensio dubiam rem facit. Ne enim cuntos evolvam, Pomponius Mela cosmographus sic esse nichil hesitans refert; Titus Livius falsam famam opinatur; mi-

An Francesco Dionigi
von Borgo San Sepolcro[1]

(1) Den höchsten Berg dieser Gegend, den man nicht zu Unrecht Ventosus, »den Windigen«, nennt, habe ich am heutigen Tag bestiegen, allein vom Drang beseelt, diesen außergewöhnlich hohen Ort zu sehen. Viele Jahre lang hatte mir diese Besteigung im Sinn gelegen; seit meiner Kindheit habe ich mich nämlich, wie Du weißt, in der hiesigen Gegend aufgehalten, wie eben das Schicksal mit dem Leben der Menschen sein wechselvolles Spiel treibt.[2] Dieser Berg aber, der von allen Seiten weithin sichtbar ist, steht mir fast immer vor Augen.

(2) Es ergriff mich nun das ungestüme Verlangen, endlich einmal auszuführen, was ich täglich hatte ausführen wollen, besonders nachdem mir am Vortag, als ich die römische Geschichte bei Livius[3] nachlas, zufällig jene Stelle begegnet war, wo Philipp, der König von Makedonien – derselbe, der mit dem römischen Volk Krieg geführt hat – den Haemus, einen Berg in Thessalien, bestieg. Er hatte nämlich dem Gerücht Glauben geschenkt, man könne von seinem Gipfel aus zwei Meere sehen, das Adriatische und das Schwarze Meer. Ob zu Recht oder zu Unrecht, habe ich nicht genügend in Erfahrung bringen können, weil die Sache dadurch unsicher wird, daß der Berg von unserer Welt weit entfernt ist und die Schriftsteller darüber verschiedener Meinung sind. Um deswegen nicht alle nachzuschlagen: der Kosmograph Pomponius Mela[4] berichtet ohne Bedenken, daß es so sei, Titus Livius hält das Gerücht für falsch; wäre es für

chi si tam prompta montis illius experientia esset quam
huius fuit, diu dubium esse non sinerem.

(3) Ceterum, ut illo omisso, ad hunc montem veniam,
excusabile visum est in iuvene privato quod in rege sene
non carpitur. Sed de sotio cogitanti, mirum dictu, vix
amicorum quisquam omni ex parte ydoneus videbatur:
adeo etiam inter caros exactissima illa voluntatum omnium morumque concordia rara est. (4) Hic segnior, ille
vigilantior; hic tardior, ille celerior; hic mestior, ille le-
tior; denique hic stultior, prudentior ille quam vellem;
huius silentium, illius procacitas; huius pondus ac pin-
guedo, illius macies atque imbecillitas terrebat; huius fri-
gida incuriositas, illius ardens occupatio dehortabatur;
que, quanquam gravia, tolerantur domi – omnia enim
suffert caritas et nullum pondus recusat amicitia –;
verum hec eadem fiunt in itinere graviora. (5) Itaque
delicatus animus honesteque delectationis appetens cir-
cumspiciensque librabat singula sine ulla quidem amici-
tie lesione, tacitusque quicquid proposito itineri previ-
debat molestum fieri posse, damnabat. Quid putas?
tandem ad domestica vertor auxilia, germanoque meo

mich so leicht möglich, jenen Berg zu erkunden, wie es
bei diesem hier der Fall war, ich würde die Frage nicht
lange unentschieden lassen.

(3) Um übrigens nun jenen fernen Berg außer Betracht
zu lassen und zu diesem zu kommen: mir schien für einen jungen Mann, der nichts zu tun hat mit der Leitung
des Staates, entschuldbar zu sein, was man bei einem
greisen König nicht rügt. Als ich aber nach einem Begleiter Ausschau hielt, da schien mir, so eigenartig es
klingt, kaum einer der Freunde in jeder Beziehung ge-
eignet: so selten ist, selbst unter lieben Freunden, jener
vollkommene Einklang aller Wünsche und Charakter-
züge. (4) Der eine war mir zu bedächtig, der andere zu
aufgeweckt, der zu langsam, jener zu rasch, der zu
schwermütig, jener zu fröhlich, der schließlich einfälti-
ger und jener gescheiter, als mir lieb war. Beim einen
schreckte mich seine Schweigsamkeit, beim andern sein
Vorwitz, beim einen seine Fülle und Fettleibigkeit, beim
andern seine Hagerkeit und Kraftlosigkeit; gegen den einen sprach seine kühle Teilnahmslosigkeit, gegen einen
andern sein zu feuriger Eifer. Diese Schwächen, so be-
lastend sie sind, erträgt man zu Hause – *alles nämlich
erträgt die Liebe*[5] und keiner Mühsal entzieht sich die
Freundschaft –; aber dies alles wird unterwegs nur noch
belastender. (5) So wog mein empfindsames Gemüt, das
auf ein achtbares Vergnügen aus war, umsichtig alle Einzelheiten gegeneinander ab, ohne dadurch eines der
Freundschaftsbande irgendwie zu verletzen, und im stil-
len verdammte es alles, was seiner Voraussicht nach dem
geplanten Unternehmen lästig werden konnte. Was
glaubst Du wohl? Schließlich wende ich mich um Un-
terstützung an den mir Nächststehenden und eröffne

unico, minori natu, quem probe nosti, rem aperio. Nil
poterat letius audire, gratulatus quod apud me amici simul ac fratris teneat locum.

(6) Statuta die digressi domo, Malausanam venimus ad
vesperam; locus est in radicibus montis, versus in bo-
ream. Illic unum diem morati, hodie tandem cum sin-
gulis famulis montem ascendimus non sine multa diffi-
cultate: est enim prerupta et pene inaccessibilis saxose
telluris moles; sed bene a poeta dictum est:

> labor omnia vincit
> Improbus.

Dies longa, blandus aer, animorum vigor, corporum
robur ac dexteritas et siqua sunt eiusmodi, euntibus ad-
erant; sola nobis obstabat natura loci. (7) Pastorem
exacte etatis inter convexa montis invenimus, qui nos ab
ascensu retrahere multis verbis enisus est, dicens se ante
annos quinquaginta eodem iuvenilis ardoris impetu su-
premum in verticem ascendisse, nichilque inde retulisse
preter penitentiam et laborem, corpusque et amictum
lacerum saxis ac vepribus, nec unquam aut ante illud
tempus aut postea auditum apud eos quenquam ausum
esse similia. (8) Hec illo vociferante, nobis, ut sunt
animi iuvenum monitoribus increduli, crescebat ex pro-
hibitione cupiditas. Itaque senex, ubi animadvertit se
nequicquam niti, aliquantulum progressus inter rupes,

meinem einzigen Bruder⁶, der jünger ist und den Du recht gut kennst, mein Vorhaben. Keine frohere Botschaft hätte er hören können, und er dankte mir freudig, daß er bei mir gleichzeitig die Stelle eines Freundes und eines Bruders einnähme.

(6) Am festgesetzten Tag brachen wir von zu Hause auf und kamen gegen Abend nach Malaucène; dieser Ort liegt am Fuße des Berges, gegen Norden. Dort verweilten wir einen Tag und bestiegen heute endlich, jeder mit einem Diener, den Berg, nicht ohne große Schwierigkeit: er ist nämlich eine schroffe und beinahe unzugängliche Felsmasse; doch trefflich hat der Dichter gesagt:

Rastlose Müh besiegt alles.⁷

Ein langer Tag, liebkosende Luft, Spannkraft der Seelen, Stärke und Behendigkeit der Körper und was dergleichen mehr ist, standen uns Wanderern hilfreich zur Seite; einzig die Beschaffenheit des Ortes bot uns Widerstand. (7) Einen uralten Hirten trafen wir an den Hängen des Berges, der uns wortreich von der Besteigung abzuhalten suchte, indem er sagte, er habe vor fünfzig Jahren mit demselben Ungestüm jugendlichen Feuers den höchsten Gipfel erstiegen, habe aber nichts von dort zurückgebracht außer Reue und Mühsal und einen von Felszacken und Dornsträuchern zerfetzten Leib und Mantel, und weder jemals vor jener Zeit noch nachher habe man bei ihnen davon gehört, daß irgendwer Ähnliches gewagt habe. (8) Während jener dies uns zurief, wuchs uns, ungläubig wie eben jugendliche Herzen Warnern gegenüber sind, am Verbot das Verlangen. Daher schritt der Greis, als er die Erfolglosigkeit seiner Bemühungen bemerkte, ein wenig vorwärts zwischen den

arduum callem digito nobis ostendit, multa monens
multaque iam digressis a tergo ingeminans.

Dimisso penes illum siquid vestium aut rei cuiuspiam
impedimento esset, soli duntaxat ascensui accingimur
alacresque conscendimus. (9) Sed, ut fere fit, ingentem
conatum velox fatigatio subsequitur; non procul inde
igitur quadam in rupe subsistimus. Inde iterum digressi
provehimur, sed lentius: et presertim ego montanum iter
gressu iam modestiore carpebam, et frater compendiaria
quidem via per ipsius iuga montis ad altiora tendebat;
ego mollior ad ima vergebam, revocantique et iter rec-
tius designanti respondebam sperare me alterius lateris
faciliorem aditum, nec horrere longiorem viam per
quam planius incederem. (10) Hanc excusationem igna-
vie pretendebam, aliisque iam excelsa tenentibus, per
valles errabam, cum nichilo mitior aliunde pateret acces-
sus, sed et via cresceret et inutilis labor ingravesceret.

Interea, cum iam tedio confectum perplexi pigeret erro-
ris, penitus alta petere disposui, cumque operientem fratrem et longo refectum accubitu fessus et anxius attigis-

Felsen und wies uns mit dem Finger einen steilen Berg-
pfad, indem er viele Ermahnungen aussprach und vieles
in unserem Rücken wiederholte, als wir schon wegge-
gangen waren.

Wir lassen bei ihm alles zurück, was irgend an Kleidern
oder sonst einem Gegenstand hinderlich sein könnte,
machen uns einzig und allein für den Aufstieg fertig und
steigen beschwingt in die Höhe. (9) Aber wie es fast immer der Fall ist, folgt dem kolossalen Anlauf schnell die
Ermattung auf dem Fuß. Nicht weit von dort machen
wir darum auf einem Felsen halt. Von da brechen wir
von neuem auf und rücken vorwärts, aber langsamer.
Besonders ich legte den Weg ins Gebirge mit schon
bescheidenerem Schritt zurück. Mein Bruder freilich
strebte auf einem abkürzenden Weg geradewegs über
die Kämme des Berges in immer höhere Zonen, ich dagegen, weniger gestählt als er, schlug einen schrägen
Pfad nach unten ein. Als er mich zurückrief und mir
den richtigeren Weg bezeichnete, antwortete ich, ich hoff-
te, der Zugang auf der anderen Seite sei leichter, und
ich schreckte nicht vor dem längeren Weg zurück, da
ich weniger steil auf ihm vorwärts schreiten könne.
(10) Diese Entschuldigung sollte meine Trägheit vertu-
schen, und während die andern schon die höheren Zonen erreicht hatten, irrte ich noch durch die Talgründe,
da nirgends ein sanfterer Aufstieg vor Augen lag, vielmehr der Weg sich in die Länge zog und die unnütze
Strapaze nur immer schlimmer wurde.

Erst als mir vor Widerwillen ganz elend war und mich
der verschlungene Irrweg verdroß, beschloß ich, auf
direktem Weg die Höhe zu erklimmen. So holte ich
den wartenden und von der langen Rast erquickten Bru-

sem, aliquandiu equis passibus incessimus. (11) Vixdum
collem illum reliqueramus, et ecce prioris anfractus oblitus, iterum ad inferiora deicior, atque iterum peragratis
vallibus dum viarum facilem longitudinem sector, in
longam difficultatem incido. Differebam nempe ascendendi molestiam, sed ingenio humano rerum natura non
tollitur, nec fieri potest ut corporeum aliquid ad alta
descendendo perveniat.

Quid multa? non sine fratris risu, hoc indignanti michi
ter aut amplius intra paucas horas contigit. (12) Sic sepe
delusus quadam in valle consedi. Illic a corporeis ad in-
corporea volucri cogitatione transiliens, his aut talibus
me ipsum compellabam verbis: 'Quod totiens hodie in
ascensu montis huius expertus es, id scito et tibi accidere
et multis, accedentibus ad beatam vitam; sed idcirco tam
facile ab hominibus non perpendi, quod corporis motus
in aperto sunt, animorum vero invisibiles et occulti.
(13) Equidem vita, quam beatam dicimus, celso loco sita
est; arcta, ut aiunt, ad illam ducit via. Multi quoque
colles intereminent et de virtute in virtutem preclaris
gradibus ambulandum est; in summo finis est omnium

der müde und mißgelaunt ein, und wir zogen nun
eine Zeitlang gleichen Schrittes weiter. (11) Kaum aber
hatten wir jene Anhöhe hinter uns gelassen, da ver-
gesse ich auch schon den Umweg von vorhin und lasse
mich wieder in tiefer gelegenes Gelände abdrängen,
und wiederum gerate ich, während ich Täler durch-
wandere und einen Weg von bequemer Länge ausfindig
zu machen trachte, auf einen langen und schwierigen
Pfad. Ich schob freilich so den lästigen Aufstieg nur
auf, aber durch den menschlichen Geist wird die Wirklichkeit nicht aufgehoben, und unmöglich gelangt ein
Wesen von Fleisch und Blut in die Höhe durch Hinab-
steigen.

Was braucht's viele Worte? Nicht ohne das Gelächter
des Bruders passierte mir dies zu meiner Entrüstung
mindestens dreimal innerhalb weniger Stunden. (12) So
ließ ich mich denn, oft genarrt, in einem Tale nieder.
Dort schwang ich mich auf den Flügeln des Geistes vom
Körperlichen zum Unkörperlichen hinüber und ging
mit mir selbst mit ungefähr folgenden Worten ins Ge-
richt: »Was du heute so oft bei der Besteigung dieses
Berges erfahren hast, wisse, daß dies dir und vielen wi-
derfährt, die das selige Leben zu gewinnen suchen. Aber
es wird deswegen nicht leicht von den Menschen richtig
gewogen, weil die Bewegungen des Körpers offensichtlich sind, die der Seele jedoch unsichtbar und verborgen.
(13) In der Tat liegt das Leben, das man das selige nennt,
auf hohem Gipfel, und *ein schmaler Pfad*,[8] so heißt es,
führt zu ihm hin. Auch viele Hügel ragen dazwischen
auf, und von Tugend zu Tugend muß man mit erhabenen Schritten wandeln; auf dem Gipfel ist das Ende aller
Dinge und des Weges Ziel, auf das hin unsere Pilgerreise

et vie terminus ad quem peregrinatio nostra disponitur.
Eo pervenire volunt omnes, sed, ut ait Naso,

Velle parum est; cupias, ut re potiaris, oportet.

(14) Tu certe – nisi, ut in multis, in hoc quoque te fal-
lis – non solum vis sed etiam cupis. Quid ergo te retinet?
nimirum nichil aliud, nisi per terrenas et infimas volup-
tates planior et ut prima fronte videtur, expeditior via;
veruntamen, ubi multum erraveris, aut sub pondere
male dilati laboris ad ipsius te beate vite culmen oportet
ascendere aut in convallibus peccatorum tuorum seg-
nem procumbere; et si – quod ominari horreo – ibi te
tenebre et umbra mortis invenerint, eternam noc-
tem in perpetuis cruciatibus agere'.

(15) Hec michi cogitatio incredibile dictu est quantum
ad ea que restabant et animum et corpus erexerit. Atque
utinam vel sic animo peragam iter illud, cui diebus et
noctibus suspiro, sicut, superatis tandem difficultatibus,
hodiernum iter corporeis pedibus peregi! Ac nescio an-
non longe facilius esse debeat quod per ipsum animum
agilem et immortalem sine ullo locali motu in ictu trepi-
dantis oculi fieri potest, quam quod successu temporis
per moribundi et caduci corporis obsequium ac sub
gravi membrorum fasce gerendum est.

ausgerichtet ist. Dorthin gelangen wollen alle, doch, wie
Ovid sagt:

> *Wollen, das ist zu wenig, Begehren erst führt dich*
> *zum Ziele.*[9]

(14) Du allerdings – wenn du dich nicht wie in vielem, so
auch darin täuschst –, du willst nicht bloß, sondern be-
gehrst auch. Was hält dich also zurück? Natürlich nichts
anderes, als daß der Weg durch die irdischen und niedrig-
sten Genüsse ebener und, wie es auf den ersten Blick
scheint, bequemer ist. Gleichwohl mußt du, wenn du viel
in die Irre gegangen bist, entweder unter der Last der
unselig aufgeschobenen Strapaze zum Gipfel des seligen
Lebens selber emporsteigen oder in den Talkesseln deiner
Sünden schlaff niedersinken; und wenn dich dort – schon
es auszusprechen, jagt mir Schauder ein – *Finsternis und
Schatten des Todes*[10] finden, so mußt du eine ewige Nacht
unter unaufhörlichen Qualen verbringen.«
(15) Dieses Nachdenken hat mir in unglaublicher Weise
Seele und Leib für den Rest des Weges aufgerichtet.
Könnte ich doch ebenso mit der Seele jene Wanderung
hinter mich bringen, nach der ich mich Tag und Nacht
sehne, wie ich nach endlich überwundenen Schwierig-
keiten die heutige Wanderung mit des Leibes Füßen
hinter mich gebracht habe! Aber es müßte doch wohl
jene Wanderung bei weitem leichter sein, die durch die
bewegliche unsterbliche Seele selbst ohne jede Ortsver-
änderung im Nu eines Augenzwinkerns geschehen
kann, als diese, die im zeitlichen Ablauf durch den Ge-
horsam des sterblichen und hinfälligen Körpers und unter der schweren Last der Glieder ausgeführt werden
muß.

(16) Collis est omnium supremus, quem silvestres 'Fili-
olum' vocant; cur, ignoro; nisi quod per antifrasim, ut
quedam alia, dici suspicor: videtur enim vere pater omnium vicinorum montium. Illius in vertice planities
parva est; illic demum fessi conquievimus.

Et quoniam audiisti quenam ascendentis in pectus as-
cenderint cure, audi, pater, et reliqua; et unam, precor,
horam tuam relegendis unius diei mei actibus tribue.

(17) Primum omnium spiritu quodam aeris insolito et
spectaculo liberiore permotus, stupenti similis steti. Re-
spicio: nubes erant sub pedibus; iamque michi minus
incredibiles facti sunt Athos et Olimpus, dum quod de
illis audieram et legeram, in minoris fame monte conspi-
cio. (18) Dirigo dehinc oculorum radios ad partes itali-
cas, quo magis inclinat animus; Alpes ipse rigentes ac ni-
vose, per quas ferus ille quondam hostis romani nomi-
nis transivit, aceto, si fame credimus, saxa perrumpens,
iuxta michi vise sunt, cum tamen magno distent inter-
vallo. Suspiravi, fateor, ad italicum aerem animo potius
quam oculis apparentem, atque inextimabilis me ardor
invasit et amicum et patriam revidendi, ita tamen ut interim in utroque nondum virilis affectus mollitiem in-

(16) Der Berg ist von allen der höchste; die Waldbewohner nennen ihn »Söhnlein«, warum, weiß ich nicht – es sei denn nach dem Prinzip des Gegensinns, wie meiner Vermutung nach noch manches andere bezeichnet wird –, denn in Wahrheit scheint er der Vater aller benachbarten Anhöhen zu sein. Auf seinem Gipfel ist ein kleines Plateau. Dort erst setzten wir uns erschöpft zum Ausruhen nieder.

Und da Du ja gehört hast, welche Sorgen ins Herz des Aufsteigenden aufgestiegen sind, so höre, Vater, auch den Rest, und verwende bitte eine von Deinen Stunden dafür, nachzulesen, was ich an einem meiner Lebenstage getan habe.

(17) Zuerst stand ich, durch den ungewohnten Hauch der Luft und die ganz freie Rundsicht bewegt, einem Betäubten gleich da. Ich schaue zurück nach unten: Wolken lagen zu meinen Füßen, und schon wurden mir der Athos und der Olymp weniger sagenhaft, wenn ich schon das, was ich über sie gehört und gelesen, auf einem Berg von geringerem Ruf zu sehen bekomme.

(18) Ich wende dann meine Blicke in Richtung Italien, wohin mein Herz sich stärker hingezogen fühlt. Die Alpen selber, eisstarrend und schneebedeckt – über die einst jener wilde Feind des römischen Volkes stieg, der, wenn wir der Überlieferung glauben dürfen, mit Essig sich durch die Felsen einen Weg brach[11] –, sie zeigten sich mir ganz nah, obwohl sie weit entfernt sind. Ich seufzte, ich gestehe es, nach italischer Luft, die mehr dem Geist als den Augen sich darbot, und ein unwiderstehliches, brennendes Verlangen erfaßte mich, sowohl Freund als Vaterland wiederzusehen; so jedoch, daß ich fürs erste an beiden Anwandlungen ihre noch un-

creparem, quamvis excusatio utrobique non deforet
magnorum testium fulta presidio.

(19) Occupavit inde animum nova cogitatio atque a locis
traduxit ad tempora. Dicebam enim ad me ipsum: 'Hodie decimus annus completur, ex quo, puerilibus studiis
dimissis, Bononia excessisti; et, o Deus immortalis, o
immutabilis Sapientia, quot et quantas morum tuorum
mutationes hoc medium tempus vidit! Infinita pretereo;
nondum enim in portu sum, ut securus preteritarum
meminerim procellarum. (20) Tempus forsan veniet,
quando eodem quo gesta sunt ordine universa percur-
ram, prefatus illud Augustini tui: ›Recordari volo trans-
actas feditates meas et carnales corruptiones anime mee,
non quod eas amem, sed ut amem te, Deus meus‹.

(21) Michi quidem multum adhuc ambigui molestique
negotii superest. Quod amare solebam, iam non amo;
mentior: amo, sed parcius; iterum ecce mentitus sum:
amo, sed verecundius, sed tristius; iantandem verum
dixi. Sic est enim; amo, sed quod non amare amem,
quod odisse cupiam; amo tamen, sed invitus, sed coac-
tus, sed mestus et lugens. Et in me ipso versiculi illius
famosissimi sententiam miser experior:

männliche Verzärtelung tadelte, wenngleich mir für jede von ihnen leicht eine Entschuldigung zur Hand wäre, die sich auf den Beistand bedeutender Zeugen stützen könnte.

(19) Ein neuer Gedanke nahm mich darauf in Beschlag und führte mich von der Betrachtung des Raumes hin zu der der Zeit. Ich sagte nämlich zu mir selbst: »Heute erfüllt sich das zehnte Jahr,[12] seit du nach Abschluß der jugendlichen Studien Bologna verlassen hast, und – o unsterblicher Gott! o unwandelbare Weisheit! – wie viele und wie große Änderungen deiner Sitten hat doch die Zwischenzeit gesehen! Dabei übergehe ich, was noch nicht endgültig ist. Denn noch bin ich nicht im Hafen, daß ich sorglos mich vergangener Stürme erinnern dürfte. (20) Die Zeit wird vielleicht einmal kommen, da ich in derselben Abfolge, in der es sich abspielte, alles schildern kann, wobei ich folgenden Satz deines Augustinus vorausschicken werde: ›*Ich will mir ins Gedächtnis rufen meine durchlebten Niederträchtigkeiten und die fleischliche Verderbnis meiner Seele, nicht weil ich diese liebte, sondern um dich zu lieben, mein Gott.*‹[13]

(21) Meiner harren allerdings viele noch ungelöste und bedrückende Aufgaben. Was ich zu lieben pflegte, schon liebe ich es nicht mehr. Ich lüge: ich liebe es, aber weniger stark. Schau, da habe ich wieder gelogen: ich liebe es, aber zurückhaltender, trauriger. Jetzt endlich habe ich die Wahrheit gesagt. Denn so ist es: ich liebe, aber das, was ich lieber nicht liebte, was ich zu hassen wünschte. Dennoch liebe ich, aber wider Willen, gezwungen, traurig und betrübt. Und an mir selber erfahre ich Armer die Wahrheit jenes hochberühmten Versleins:

Odero, si potero; si non, invitus amabo.

(22) Nondum michi tertius annus effluxit, ex quo volun-
tas illa perversa et nequam, que me totum habebat et in
aula cordis mei sola sine contradictore regnabat, cepit
aliam habere rebellem et reluctantem sibi, inter quas ian-
dudum in campis cogitationum mearum de utriusque
hominis imperio laboriosissima et anceps etiam nunc
pugna conseritur'.
Sic per exactum decennium cogitatione volvebar.
(23) Hinc iam curas meas in anteriora mittebam, et que-
rebam ex me ipse: 'Si tibi forte contingeret per alia duo
lustra volatilem hanc vitam producere, tantumque pro
rata temporis ad virtutem accedere quantum hoc bien-
nio, per congressum nove contra veterem voluntatis, ab
obstinatione pristina recessisti, nonne tunc posses, etsi
non certus at saltem sperans, quadragesimo etatis anno
mortem oppetere et illud residuum vite in senium ab-
euntis equa mente negligere?'.
(24) Hec atque his similes cogitationes in pectore meo
recursabant, pater. De provectu meo gaudebam, imper-
fectum meum flebam et mutabilitatem comunem huma-
norum actuum miserabar; et quem in locum, quam ob
causam venissem, quodammodo videbar oblitus, donec,
ut omissis curis, quibus alter locus esset oportunior, re-

Hassen – sofern ich kann, sonst liebe ich wider Willen.[14]

(22) Noch sind für mich keine drei Jahre verflossen, seit jener verkehrte und nichtsnutzige Wille, der mich ganz beherrschte und im Palast meines Herzens allein ohne Widerpart herrschte, einen andern, gegen ihn sich auflehnenden und ihm sich widersetzenden erhielt. Zwischen diesen beiden wird schon lange auf dem Felde meiner Gedanken ein äußerst mühsamer und auch jetzt noch unentschiedener Kampf um die Herrschaft der beiden Menschen ausgetragen.«

So durchging ich in Gedanken das vollendete Jahrzehnt.

(23) Dann aber ließ ich meine Sorgen ums Vergangene fahren und fragte mich selbst: »Wenn es dir vielleicht gelänge, durch zwei weitere Lustren[15] dieses flüchtige Leben weiter zu führen und im Verhältnis zur Zeitdauer ebensoweit dich der Tugend anzunähern, wie du in diesen zwei Jahren durch den Kampf des neuen Willens gegen den alten von deinem früheren Starrsinn abgekommen bist, könntest du dann nicht, wenn auch nicht mit Sicherheit, so doch voller Hoffnung, im vierzigsten Jahr deines Lebens dem Tod entgegengehen und auf den Rest des ins Greisenalter schwindenden Lebens gelassen verzichten?«

(24) Diese und ähnliche Gedanken liefen in meiner Brust hin und her, Vater. Ich freute mich über meinen Fortschritt, beweinte meine Unvollkommenheit und beklagte die allgemeine Wandelbarkeit des menschlichen Tuns; und an welchen Ort und aus welchem Grund ich gekommen war, schien ich irgendwie vergessen zu haben. Ich ließ meine Sorgen fahren, für die ein anderer

spicerem et viderem que visurus adveneram – instare
enim tempus abeundi, quod inclinaret iam sol et umbra
montis excresceret, admonitus et velut expergefactus –,
verto me in tergum, ad occidentem respiciens.

(25) Limes ille Galliarum et Hispanie, Pireneus vertex,
inde non cernitur, nullius quem sciam obicis interventu,
sed sola fragilitate mortalis visus; Lugdunensis autem
provincie montes ad dexteram, ad levam vero Massilie
fretum et quod Aquas Mortuas verberat, aliquot dierum
spatio distantia, preclarissime videbantur; Rodanus ipse
sub oculis nostris erat. (26) Que dum mirarer singula et
nunc terrenum aliquid saperem, nunc exemplo corporis
animum ad altiora subveherem, visum est michi *Confes-
sionum* Augustini librum, caritatis tue munus, inspicere;
quem et conditoris et donatoris in memoriam servo ha-
beoque semper in manibus: pugillare opusculum, perex-
igui voluminis sed infinite dulcedinis. Aperio, lecturus
quicquid occurreret; quid enim nisi pium et devotum
posset occurrere? (27) Forte autem decimus illius operis
liber oblatus est. Frater expectans per os meum ab Au-
gustino aliquid audire, intentis auribus stabat. Deum te-
stor ipsumque qui aderat, quod ubi primum defixi ocu-

Ort passender sein mochte, wandte mich um und blickte
zurück gegen Westen – man hatte mich nämlich ge-
mahnt und gleichsam geweckt, ich solle zurückblicken
und sehen, was zu sehen ich gekommen war, die Zeit
zum Aufbruch dränge, da die Sonne sich schon neige
und der Schatten des Berges wachse.

(25) Der Grenzwall der gallischen Lande und Spaniens,
der Kamm der Pyrenäen, ist von dort nicht zu sehen,
nicht weil, soviel ich weiß, irgendein Hindernis dazwi-
schenträte, nein, allein infolge der Schwäche der menschlichen Sehkraft. Die Berge der Provinz von Lyon hingegen zur Rechten, zur Linken sogar der Golf von Marseille und der, der an Aigues-Mortes brandet, waren
ganz deutlich zu sehen, obwohl dies alles einige Tagerei-
sen entfernt ist. Die Rhone lag geradezu unter meinen
Augen. (26) Während ich dies eins ums andre bestaunte
und bald an Irdischem Geschmack fand, bald nach dem
Beispiel des Körpers die Seele zu Höherem erhob, kam
ich auf den Gedanken, in das Buch der *Bekenntnisse* des
Augustinus hineinzuschauen, eine Gabe, die ich Deiner
Wertschätzung verdanke. Ich bewahre es auf zur Erinnerung an den Verfasser wie an den Geber und habe es
stets zur Hand: ein faustgroßes Werklein, von winzig-
stem Format, aber voll unendlicher Süße. Ich öffne es,
um zu lesen, was mir gerade vor die Augen treten
würde. Was denn könnte mir wohl vor die Augen treten außer Frommem und Gottergebenem? (27) Zufällig
aber bot sich mir das zehnte Buch dieses Werkes dar.
Mein Bruder stand voller Erwartung, durch meinen
Mund etwas von Augustinus zu hören, mit gespitzten
Ohren da. Gott rufe ich zum Zeugen an und ihn eben,
der dabei war, daß an der Stelle, auf die ich zuerst die

los, scriptum erat: ›Et eunt homines admirari alta montium et ingentes fluctus maris et latissimos lapsus fluminum et occeani ambitum et giros siderum, et relinquunt se ipsos‹.

(28) Obstupui, fateor; audiendique avidum fratrem rogans ne michi molestus esset, librum clausi, iratus michimet quod nunc etiam terrestria mirarer, qui iampridem ab ipsis gentium philosophis discere debuissem nichil preter animum esse mirabile, cui magno nichil est magnum.

(29) Tunc vero montem satis vidisse contentus, in me ipsum interiores oculos reflexi, et ex illa hora non fuit qui me loquentem audiret donec ad ima pervenimus; satis michi taciti negotii verbum illud attulerat. (30) Nec opinari poteram id fortuito contigisse, sed quicquid ibi legeram, michi et non alteri dictum rebar; recolens quod idem de se ipso suspicatus olim esset Augustinus, quando in lectione codicis Apostolici, ut ipse refert, primum sibi illud occurrit: ›Non in comessationibus et ebrietatibus, non in cubilibus et impudicitiis, non in contentione et emulatione; sed induite Dominum Iesum Cristum, et carnis providentiam ne feceritis in concupiscentiis vestris‹. (31) Quod iam ante Antonio acciderat,

Augen heftete, geschrieben stand: *Und es gehen die Menschen hin, zu bewundern die Höhen der Berge und die gewaltigen Fluten des Meeres und das Fließen der breitesten Ströme und des Ozeans Umlauf und die Kreisbahnen der Gestirne – und verlassen dabei sich selbst.*[16]

(28) Ich war betäubt, ich gestehe es, und ich bat den Bruder, der darauf brannte, weiter zu hören, er solle nicht in mich dringen, schloß das Buch, zornig auf mich selber, daß ich jetzt noch Irdisches bewunderte, ich, der ich schon längst selbst von den Philosophen der Heiden hätte lernen müssen, daß nichts bewundernswert ist außer der Seele: Im Vergleich zu ihrer Größe ist nichts groß.

(29) Dann aber wandte ich, zufrieden, vom Berg genug gesehen zu haben, die inneren Augen auf mich selbst, und von jener Stunde an konnte keiner mich reden hören, bis wir ganz unten angelangt waren; jenes Wort hatte mir genügend stumme Beschäftigung gebracht.

(30) Ich konnte nicht glauben, daß dies zufällig sich so gefügt hätte, nein, alles, was ich dort gelesen hatte, so glaubte ich, sei für mich und für keinen andern gesagt. Ich rief mir dabei ins Gedächtnis zurück, daß dasselbe einst Augustinus[17] betreffs seiner selbst vermutet hätte, als ihm beim Lesen eines Apostelbriefes, wie er selbst berichtet, zuerst folgende Stelle vor die Augen trat: *Nicht in Gelagen und Saufereien, nicht in Beischlaf und Unzucht, nicht in Streit und Eifersucht* [wollen wir wandeln]; *vielmehr zieht den Herrn Jesus Christus an, und kümmert euch nicht zu sehr um euren Körper, damit ihr nicht von seinen Lüsten geknechtet werdet.*[18] (31) Dasselbe war schon früher dem Antonius widerfahren, der,

quando audito Evangelio ubi scriptum est: ›Si vis perfectus esse, vade et vende omnia tua quecunque habes et da
pauperibus, et veni et sequere me et habebis thesaurum
in celis‹, veluti propter se hec esset scriptura recitata, ut
scriptor rerum eius Athanasius ait, ad se dominicum traxit imperium.

(32) Et sicut Antonius, his auditis, aliud non quesivit, et
sicut Augustinus, his lectis, ulterius non processit, sic et
michi in paucis verbis que premisi, totius lectionis terminus fuit, in silentio cogitanti quanta mortalibus consi-
lii esset inopia, qui, nobilissima sui parte neglecta, dif-
fundantur in plurima et inanibus spectaculis evanescant,
quod intus inveniri poterat, querentes extrinsecus; ad-
mirantique nobilitatem animi nostri, nisi sponte dege-
nerans ab originis sue primordiis aberrasset, et que sibi
dederat in honorem Deus, ipse in opprobrium conver-
tisset.

(33) Quotiens, putas, illo die, rediens et in tergum versus, cacumen montis aspexi! et vix unius cubiti altitudo
visa est pre altitudine contemplationis humane, siquis
eam non in lutum terrene feditatis immergeret. Illud
quoque per singulos passus occurrebat: si tantum sudo-
ris ac laboris, ut corpus celo paululum proximius fieret,
subire non piguit, que crux, quis carcer, quis equuleus

als er die Stelle im Evangelium hörte, wo geschrieben steht: *Willst du vollkommen sein, so geh hin und verkaufe alles, was du hast und gib es den Armen, und komm und folge mir, und du wirst einen Schatz im Himmel haben,*[19] sich den Befehl des Herrn zu eigen machte, gleichsam als sei seinetwegen diese Schriftstelle verlesen worden, wie sein Biograph Athanasius sagt.[20]

(32) Und wie Antonius, nachdem er dies gehört hatte, nach nichts anderem mehr suchte, und wie Augustinus, nachdem er jenes gelesen hatte, nicht weiter fortfuhr, so war auch für mich mit den wenigen Worten, die ich angeführt habe, die ganze Lektüre beendet, und schweigend dachte ich darüber nach, wie groß bei den Menschen der Mangel an Einsicht sei, so daß sie sich unter Vernachlässigung des edelsten Teils ihres Selbst in vielerlei Dingen verzetteln, sich durch nichtige Schauspiele abhanden kommen und außerhalb suchen, was drinnen zu finden gewesen wäre. Ich bewunderte, wie edel unsere Seele sei, wenn sie nicht aus eigenem Antrieb entartet und von den Uranfängen ihrer Herkunft abgeirrt wäre und nicht das, was Gott ihr zu ihrer Ehre gegeben hatte, selbst in Schimpf und Schande verwandelt hätte.

(33) Wie oft, glaubst Du, habe ich an diesem Tag auf dem Rückweg mich umgewendet und den Gipfel des Berges betrachtet, und er schien mir kaum die Höhe einer Elle zu haben im Vergleich zur Höhe menschlicher Betrachtung, wollte man sie nur nicht in den Schmutz irdischer Gemeinheit eintauchen. Und auch das kam mir Schritt für Schritt in den Sinn: wenn es einen nicht verdroß, so viel Schweiß und Strapazen auf sich zu nehmen, damit nur der Leib dem Himmel etwas näher wäre, welches Kreuz, welcher Kerker, welche Folter dürfte dann

deberet terrere animum appropinquantem Deo, turgidumque cacumen insolentie et mortalia fata calcantem? (34) et hoc: quotocuique accidet, ut ab hac semita, vel durarum metu rerum vel mollium cupidine, non divertat? O nimium felix! siquis usquam est, de illo sensisse arbitrer poetam:

> Felix qui potuit rerum cognoscere causas
> Atque metus omnes et inexorabile fatum
> Subiecit pedibus strepitumque Acherontis avari!

O quanto studio laborandum esset, non ut altiorem terram, sed ut elatos terrenis impulsibus appetitus sub pedibus haberemus!
(35) Hos inter undosi pectoris motus, sine sensu scrupulosi tramitis, ad illud hospitiolum rusticum unde ante lucem moveram, profunda nocte remeavi, et luna pernox gratum obsequium prestabat euntibus. Interim ergo, dum famulos apparande cene studium exercet, solus ego in partem domus abditam perrexi, hec tibi, raptim et ex tempore, scripturus; ne, si distulissem, pro varietate locorum mutatis forsan affectibus, scribendi propositum deferveret.

die Seele erschrecken, die sich Gott nähert und dabei den aufgeblasenen Gipfel der Überheblichkeit und die Geschicke der Sterblichkeit mit Füßen tritt? (34) Ferner: Wie vielen wird es überhaupt gelingen, daß sie von diesem Pfad, sei es aus Furcht vor harten Bewährungen, sei es aus Begierde nach behaglichem Leben, nicht abschweifen? Oh, überglücklich ist ein solcher Mensch – wenn es je einen solchen gibt! An ihn hat, glaube ich, der Dichter gedacht:

> *Selig, wer es vermochte, das Wesen der Welt zu*
> *ergründen,*
> *wer so all die Angst und das unerbittliche Schicksal*
> *unter die Füße sich zwang und des gierigen Acheron*
> *Tosen!* [21]

Ach, mit welchem Eifer müßten wir uns anstrengen, nicht um ein höher gelegenes Stück Erde unter den Füßen zu haben, sondern die von irdischen Trieben entfesselten Begierden! (35) Unter solchen Bewegungen meines aufgewühlten Herzens kehrte ich in tiefer Nacht, ohne den mit spitzen Steinen besäten Weg wahrzunehmen, zu jener kleinen, bäuerlichen Herberge zurück, von wo ich vor dem ersten Sonnenstrahl aufgebrochen war, und der Mond erwies uns Wanderern die ganze Nacht hindurch seinen willkommenen Dienst. Während das Bereiten des Mahls die Diener in Beschlag nahm, ging ich unterdessen allein in einen abgelegenen Teil des Hauses, um Dir dies in hastiger Eile und aus dem Stegreif zu schreiben, damit nicht, wenn ich es aufschöbe, durch den Ortswechsel sich die innere Stimmung vielleicht entsprechend ändere und der Vorsatz zum Schreiben verglühe.

(36) Vide itaque, pater amantissime, quam nichil in me
oculis tuis occultum velim, qui tibi nedum universam vitam meam sed cogitatus singulos tam diligenter aperio;
pro quibus ora, queso, ut tandiu vagi et instabiles aliquando subsistant, et inutiliter per multa iactati, ad
unum, bonum, verum, certum, stabile se convertant.
Vale.

VI Kal. Maias, Malausane.

(36) Sieh also, liebster Vater, wie ich nichts in mir vor Deinen Augen verborgen halten möchte, der ich Dir nicht nur mein gesamtes Leben, sondern auch jeden einzelnen Gedanken so gewissenhaft eröffne. Für diese Gedanken bete – ich flehe Dich an –: sie, die so lange schweifend und unstet waren, möchten doch einmal zur Ruhe kommen und sich nach vielen unnützen Irrläufen zu dem einen Guten, Wahren, Sicheren und Beständigen hinwenden. Lebe wohl!

Am 26. April (1336) zu Malaucène.

Anmerkungen

Der lateinische Text folgt der Ausgabe: Francesco Petrarca, *Le Familiari*, Edizione critica per cura di Vittorio Rossi, Bd. 1: Introduzione e libri I–IV, Florenz: Sansoni, 1968 [anastatischer Neudruck der ersten Edition von 1933] (Edizione nazionale delle opere di Francesco Petrarca, Bd. 10).

1 Der Adressat des ersten Briefes von Buch IV der Briefsammlung *Familiarium rerum* (libri) ist Francesco Dionigi (de Robertis) von Borgo San Sepolcro (Toscana), Frühhumanist und Augustinermönch, geboren um 1280, gestorben 1342 zu Neapel als Bischof von Monopoli (seit 1340). Seit 1328 lehrte er als Professor der Theologie und Philosophie an der Sorbonne in Paris. Er lernte Petrarca 1333 in Paris kennen und führte ihn in die Gedankenwelt Augustins ein, dessen *Confessiones* er ihm schenkte. Auch Boccaccio war er in väterlicher Freundschaft verbunden. Als erster Gelehrter interpretierte er seit 1338 an der Universität Neapel klassische Autoren. Von seinen diesbezüglichen Werken ist der von Zeitgenossen und Nachwelt sehr geschätzte Kommentar zu den *Facta et dicta memorabilia* des Valerius Maximus erhalten geblieben. – Der Brief wurde von Petrarca, was nicht unumstritten ist, am 26. April 1336 in Malaucène geschrieben.

2 Gleichzeitig mit Dante mußte auch Petrarcas Vater Ser Petracco da Parenzo wegen der politischen Kämpfe in Florenz seine Heimatstadt 1302 verlassen. Sein Sohn Francesco wurde 1304 in Arezzo geboren. Dieser verbrachte seine ersten Lebensjahre unter der alleinigen Obhut seiner Mutter in Incisa, einer kleinen, südöstlich von Florenz gelegenen Stadt, während der Vater, der als Geächteter das Gebiet der florentinischen Republik nicht betreten durfte, ein unstetes Wanderleben führte. 1313 siedelte die Familie nach Avignon über; die Mutter ließ sich mit ihren beiden Söhnen (vgl.

Anm. 6) in Carpentras nieder, wo ihm »dieser Berg fast immer vor Augen steht«. 1319 begann Petrarca ein Jurastudium in Montpellier, das er 1323 in Bologna fortsetzte (vgl. Anm. 12).

3 Livius, *Ab urbe condita* 40,21,2–4: *Cupido eum ceperat in verticem Haemi montis ascendendi, quia vulgatae opinioni crediderat Ponticum simul et Hadriaticum mare et Histrum amnem et Alpes conspici posse: subiecta oculis ea haud parvi sibi momenti futura ad cogitationem Romani belli. Percunctatus regionis peritos de ascensu Haemi, cum satis inter omnes constaret viam exercitui nullam esse, paucis et expeditis difficillimum aditum* [. . .]. (»Das Verlangen hatte ihn [König Philipp V. von Makedonien] ergriffen, auf den Gipfel des Haemus-Gebirges zu steigen, weil er der allgemein verbreiteten Ansicht Glauben geschenkt hatte, das Schwarze Meer, das Adriatische Meer, der Hister [die Donau] und die Alpen könnten gleichzeitig von dort erblickt werden. Wenn dies unter seinen Augen läge, hätte es für ihn nicht geringe Bedeutung für seinen Kriegsplan gegen Rom. Er erkundigte sich bei den Leuten, die die Gegend kannten, nach dem Aufstieg zum Haemus-Gebirge; bei allen herrschte völlige Übereinstimmung, daß es für ein Heer keinen Weg hinauf gebe und daß auch für wenige ohne Gepäck der Aufstieg sehr schwierig sei [. . .].«)

Ab urbe condita 40,22,4–6: *Ut vero iugis appropinquabant, quod rarum in altis locis est, adeo omnia contecta ⟨erant⟩ nebula, ut haud secus quam nocturno itinere impedirentur. Tertio demum die ad verticem perventum. / Nihil vulgatae opinioni degressi inde detraxerunt, magis credo, ne vanitas itineris ludibrio esset, quam quod diversa inter se maria montesque et amnes ex uno loco conspici potuerint.* (»Als sie sich aber dem Kamm näherten, war, was in hohen Lagen selten ist, alles so sehr in Nebel gehüllt, daß sie nicht weniger behindert wurden als bei einem Nachtmarsch. Am dritten Tag gelangte man endlich auf den Gipfel. / Nachdem sie von dort wieder hinabgestiegen waren, sagten sie nichts, was die allgemein verbreitete Ansicht in Frage gestellt hätte, ich glaube, mehr damit das Scheitern ihres Unternehmens sie nicht dem Gelächter preisgab, als weil die weit auseinander liegenden Meere, Gebirge und Flüsse von einer Stelle aus hätten erblickt werden können.«)

4 Pomponius Mela, *De chorographia* 2,17: *Ex quis* [sc. *montibus*] *Haemos in tantum altitudinis abit, ut Euxinum et Adriam ex summo vertice ostendat.* (»Von den Gebirgen erhebt sich der Haemus zu solcher Höhe, daß man das Schwarze Meer und die Adria von der Spitze seines Gipfels erblicken kann.«)

5 1. Kor. 13,7: [*Charitas*] *omnia suffert.*

6 Petrarcas Bruder Gherardo (Gerardus), geboren um 1307, entsagte nach dem Tod seiner Geliebten dem weltlichen Leben und trat 1343 in das Kartäuserkloster Montrieux bei Marseille ein. Er überlebte Francesco, ohne daß wir jedoch wüßten, um wie viele Jahre. Der Dichter hatte außer ihm noch einen zweiten Bruder, der schon in sehr zartem Alter verstarb.

7 Vergil, *Georgica* 1,145 f. – Zur Umdeutung des berühmten Vergil-Zitats schon in der Spätantike vgl.: *Veni Vidi Vici. Geflügelte Worte aus dem Griechischen und Lateinischen*, ausgewählt und erläutert von Klaus Bartels, Zürich/München 1989, S. 97.

8 Mt. 7,14: *Quam angusta porta, et arcta via est, quae ducit ad vitam.* (»Wie eng ist die Pforte und schmal der Pfad, der zum Leben führt.«)

9 Ovid, *Epistulae Ex Ponto* 3,1,35.

10 Vgl. Ps. 107,10: *sedentes in tenebris et umbra mortis*; Ps. 107,14: *et eduxit eos de tenebris et umbra mortis*; Hiob 34,22: *non sunt tenebrae et non est umbra mortis.*

11 Livius, *Ab urbe condita* 21,37,2 (Hannibals Alpenübergang): *ardentiaque saxa infuso aceto putrefaciunt* (»dann machten sie den erhitzten Felsen durch Begießen mit Essig mürbe«).

12 In den Jahren 1323–26 hatte Petrarca zusammen mit

Gherardo in Bologna seine juristischen Studien fortgesetzt. Der Tod des Vaters rief die Brüder nach Avignon zurück. Genau zehn Jahre vor der Besteigung, am 26. April 1326, haben sie nach Ausweis unserer Stelle die ihnen lieb gewordene Stadt Bologna verlassen.

13 Augustinus, *Confessiones* 2,1,1.

14 Ovid, *Amores* 3,11,35.

15 *Lustrum:* Zeitraum von fünf Jahren.

16 Augustinus, *Confessiones* 10,8,15.

17 Ebd. 8,12,29.

18 Röm. 13,13 f.

19 Mt. 19,21.

20 Euagrius, *Vita Antonii* 2 (*Euagrii Antiocheni versio vitae Antonii monachi ab Athanasio conscriptae*; Migne graec. 26,835–976): [*Antonius*] *talia secum volvens, intravit in ecclesiam et accidit ut tunc Evangelium legeretur, in quo Dominus dicit ad divitem: Si vis perfectus esse, vade, et vende omnia tua quaecunque habes, et da pauperibus, et veni, sequere me, et habebis thesaurum in coelis. Quo audito, quasi divinitus hujusmodi ante memoriam concepisset, et veluti propter se haec esset scriptura recitata, ad se Dominicum traxit imperium: statimque egressus, possessiones quas habebat vendidit.* (»Unter solchen Überlegungen betrat er [Antonius] die Kirche, und es traf sich, daß da gerade die Stelle im Evangelium gelesen wurde, wo der Herr zum Reichen sagt: ›Willst du vollkommen sein, so geh hin und verkaufe alles, was du hast und gib es den Armen, und komm und folge mir und du wirst einen Schatz im Himmel haben.‹ Als er dies gehört hatte, machte er sich, als sei er zuvor durch göttliche Fügung daran erinnert und als sei gleichsam seinetwegen diese Schriftstelle verlesen worden, den Befehl des Herrn zu eigen: er ging sogleich hinaus und verkaufte die Besitztümer, die er hatte.«)

21 Vergil, *Georgica* 2,490–492 (Übersetzung von Johannes Götte, aus: Vergil, *Landleben* [*Bucolica, Georgica, Catalepton*], lat./dt., München [4]1981).

Literaturhinweise

Billanovich, Giuseppe: Petrarca und der Ventoux (1966). In: Petrarca. Hrsg. von August Buck. Darmstadt 1976. S. 444 ff. (Wege der Forschung. 353.) [Mit reichen Literaturangaben.]

Blumenberg, Hans: Der Prozeß der theoretischen Neugierde. Frankfurt a. M. ³1984. S. 142 ff.

Burckhardt, Jacob: Die Kultur der Renaissance in Italien. Hrsg. von Werner Kaegi. Bd. 5. Basel 1930. [¹1860.]

Eppelsheimer, Hanns W.: Petrarca, Dichtungen, Briefe, Schriften. Auswahl und Einleitung von H. W. Eppelsheimer. Frankfurt a. M. 1980.

Fabre, Jean-Henri: Das Offenbare Geheimnis. Aus dem Lebenswerk des Insektenforschers. Hrsg. und übers. von Kurt Guggenheim und Adolf Portmann. Frankfurt a. M. 1977.

Gebser, Jean: Ursprung und Gegenwart, Fundamente und Manifestationen der aperspektivischen Welt. Stuttgart ²1966. [Geschrieben Winter 1947/48 und 1951/52; ergänzt 1964/65.]

Groh, Ruth / Groh, Dieter: Petrarca und der Mont Ventoux. In: Merkur. Deutsche Zeitschrift für europäisches Denken 46 (1992) H. 4. S. 290 ff.

Humboldt, Alexander von: Kosmos, Entwurf einer physischen Weltbeschreibung. Bd. 2. Stuttgart/Tübingen, 1847.

Koerting, Gustav: Petrarca's Leben und Werke. Leipzig 1878.

Lipp, Steffen: Mont Ventoux. Weißer Gipfel der Provence. Fotografien des Malers Steffen Lipp. Metzingen (Württ.) 1989.

Ritter, Joachim: Subjektivität. Sechs Aufsätze. Frankfurt a. M. 1974. [Hier besonders: 6. Landschaft. Zur Funktion des Ästhetischen in der modernen Gesellschaft (1963). S. 141 ff.]

Stierle, Karlheinz: Petrarcas Landschaften. Zur Geschichte ästhetischer Landschaftserfahrung. Krefeld 1979.

Grenzscheide zweier Welten –
Petrarcas Besteigung des Mont Ventoux

Mag unser Gedächtnis für Zeitgeschichtliches auch schrecklich kurz sein, das unerhörte Geschehen des 26. April 1986 ist dem Bewußtsein der Menschheit unauslöschlich eingebrannt. An diesem Tag wurde ein Alptraum Wirklichkeit. Das von den Zaubermeistern der Atomkraft für unmöglich Erklärte trat ein: der Reaktorbrand von Tschernobyl. Die freigesetzte Radioaktivität überzog weite Teile Europas, verstrahlte alles Lebende und bedrohte das ungeborene Leben. Auf Halbwertszeiten und Caesium-Zahlen wurde danach wie auf trostreiche Orakelsprüche gestarrt, und in den Medien versuchten Strahlenphysiker ebenso wortreich wie hilflos, die Erregung der Menschen zu dämpfen. Seit Tschernobyl ist die Welt verändert: man weiß nun endgültig, daß die allesvernichtende Katastrophe auch in Form eines Nichtkrieges jederzeit hereinbrechen kann und daß die Verseuchung der Luft keine Grenzen kennt.

Am 26. April 1336 bestieg Francesco Petrarca, ein zweiunddreißigjähriger Literat, Geistlicher und verliebter Poet, einen mäßig hohen Berg in Südfrankreich, auf den Tag genau 650 Jahre vor dem »Störfall« im Osten. Was haben die schadenbringende Atompanne und das nach heutigen Begriffen mediokre alpinistische Unternehmen[1]*, das niemanden behelligte, miteinander zu tun,

---

* Die Ziffern beziehen sich auf die folgenden Anmerkungen und Materialien zur Rezeption, S. 51 ff.

außer daß sie eine Jubiläums-Jahreszahl zeitlich trennt? Auf den ersten Blick nichts. Auf den zweiten sehr viel: mit der Besteigung des Mont Ventoux beginnt ein neues Natur- und Weltbewußtsein, eine Weltergriffenheit, ja eine Weltverfallenheit, die kühn sich löst von mittelalterlicher Weltverneinung, um dann, im Glauben, die ästhetische Erfahrung der Landschaft, die Lust des Schauens gefährde das Heil der Seele, wieder zurückzukehren in jene mittelalterliche Welt, aus der sie sich soeben noch zu befreien schien. Beide Ereignisse, die Erklimmung des Mont Ventoux wie die Entfesselung der schwer zähmbaren Elementarkraft stellen Zäsuren im geschichtlichen Ablauf dar, sind Ausgangspunkte neuer Denk- und Anschauungsweisen, jenes erst nachträglich als befreiend und epochal erkannt, dieses unmittelbar danach als verheerend erlitten, beide entsprungen dem Drang des Menschen, gesetzte Grenzen zu überspringen.

Der Brief über die Besteigung des Mont Ventoux, der erste im vierten Buch der Briefsammlung *Familiarium rerum*, ist die berühmteste lateinische Schrift Petrarcas. Wer an Petrarca denkt, denkt wohl zuerst an seine Lyrik, an den *Canzoniere, an Madonna Laura*, dann aber bald an jenes bergsteigerische Unternehmen, das dem Dichter den Ehrentitel »geistiger Vater des Alpinismus« eingetragen hat. Diese Einschätzung der Besteigung des nach den Angaben eines Reiseführers »fast 2000 m hohen, immer vom Mistral umtobten, oft in Regen, Schnee oder Nebel gehüllten, fernher sichtbaren, herrscherlich machtvoll über dem ganzen Rhoneland thronenden Mont Ventoux« als Meilenstein in der Geschichte des Alpinismus ist indes allzusehr betont worden, bleibt

doch die Beschreibung des Aufstiegs in unscharfen All-
gemeinheiten stecken, wie ja auch der Gipfel unvermit-
telt erreicht wird, von dem sich dann eine phantastische
Rundsicht eröffnet.

Einzuflechten ist an dieser Stelle, daß rund zwei Generationen später, im Jahre 1387, die erste urkundlich be-
stätigte Besteigung eines Gipfels in den Schweizer Alpen
unternommen wurde. Sechs Geistliche aus Luzern erklommen Ende Juli den Gipfel des Pilatus, den Anord-
nungen der Obrigkeit zuwider, die die Besteigung un-
tersagt hatte; denn der Geist des Pontius Pilatus hauste
da droben in einem düsteren Waldseelein und vergalt
nach dem Glauben der Zeit jede Belästigung mit wilden
Gewittern. Die bergsüchtigen Gottesmänner mußten
ihren Ungehorsam gehörig büßen.

Hat man all die Jahrhunderte zuvor keine Berge bestiegen? Natürlich hat man dies getan, aber Gipfelbestei-
gungen aus sportlichem Ehrgeiz oder gar um eines Na-
turerlebnisses willen sind – wie Waldwanderungen – im
Altertum undenkbar.[2] Natur wird in Europa erst seit
der Mitte des 18. Jahrhunderts, seit Rousseau und Goe-
the, intensiv erlebt und beschrieben, und hohe Gipfel
werden erst seit dem 19. Jahrhundert mit der Ausbrei-
tung des Sports von England her erklommen. In der
Antike sind für Bergbesteigungen nur folgende zwei
Motive denkbar: wissenschaftlicher Forscherdrang –
dieser aber nur bei den Griechen – und militärisch-poli-
tische Notwendigkeit, diese typisch für die Römer.

Zurück zum Mont Ventoux: In unserem Brief ist der
physische Aufstieg weniger wichtig als der spirituelle.
Nicht so sehr als alpinistisches Dokument[3], sondern als
ein »Zeugnis einer Epochenschwelle in der Geschichte

der ästhetischen Erfahrung«[4] gelte dieser Brief an seinen
Freund Francesco Dionigi von Borgo San Sepolcro, einen Augustinermönch, der an der Sorbonne Theologie
und Philosophie lehrte. Ihn hatte Petrarca 1333 in Paris kennengelernt und war von ihm in die geistige Welt
Augustins eingeführt worden. Daß Petrarca an der
Schwelle zur neuzeitlichen ästhetischen Erfahrung steht,
das hat wohl erstmals ganz deutlich Jacob Burckhardt in
seiner *Kultur der Renaissance in Italien* gesehen[5].

Petrarcas Vater, der aus Florenz verbannt worden war,
ging wie viele andere seiner Zeitgenossen nach Avignon,
wo seit 1309 die päpstliche Kurie zeitweilig ihren Sitz
hatte (definitiv ab 1316). Dort verdiente er sein kärgli-
ches Brot als Advokat von Kardinälen und Kaufleuten.
Es gelang ihm aber nicht, seine Frau und seine zwei
Söhne in der kleinen, schlagartig zum überfüllten Papst-
und Kuriensitz angewachsenen Stadt unterzubringen.
Er mußte sie mehr als zwanzig Kilometer nach Nord-
osten, nach Carpentras, schicken, von wo man die west-
lichste Spitze der Alpen, den Mont Ventoux, aus näch-
ster Nähe sehen kann. Für vier Jahre blieb der junge Petrarca in Carpentras, hatte also genügend Zeit, mit der
Silhouette des in der ganzen Provence berühmten Berges vertraut zu werden.
Welchen Lebensweg hatte Petrarca bis zur Ventoux-Be-
steigung zurückgelegt? Nach Elementarunterricht und
Ausbildung in lateinischer Grammatik und Rhetorik in
Carpentras hatte er dem Wunsche seines Vaters gemäß
ohne innere Neigung in Montpellier und Bologna die
Rechte studiert. Nach dessen Tod im Jahre 1326 kehrte
er nach Avignon zurück, wo er die geistlichen Weihen

empfing. Durch die Freundschaft mit einem Altersge-
nossen aus dem Hause Colonna stellte der Zweiund-
zwanzigjährige eine Verbindung her zu dieser mächtigen
Familie des römischen Hochadels. Kardinal Giovanni
Colonna nahm Petrarca in sein Haus auf, ohne ihm, wie
es scheint, irgendwelche bestimmte Verpflichtungen auf-
zuerlegen, und befreite ihn dadurch von allen Sorgen
um die äußere Existenz. In Avignon verlebte er glückli-
che Jahre des Genusses, der Ausgelassenheit, des Studi-
ums und des poetischen Schaffens. In dieser Zeit schließt
er lebenslang dauernde Freundschaften, formt sich seine
Persönlichkeit, ereilt ihn 1327 die beglückende und ver-
zehrende Liebe zu Laura. 1333 unternimmt er, einem
inneren Drang folgend, seine erste größere Reise. Sie
führt ihn über Paris, Gent, Lüttich und Aachen nach
Köln, wo er den damals noch unvollendeten Dom bewundert. Nach seiner Rückkehr lebt er in der gewohn-
ten Weise in Avignon weiter. Bis zu der Ende 1336 un-
ternommenen Romfahrt ist nur ein bedeutenderes Ereignis aus seinem Leben bekannt, die Besteigung des
Mont Ventoux.

Am 24. April 1336 brechen Francesco Petrarca und sein
etwa drei Jahre jüngerer Bruder Gherardo, den er nach
reiflicher Überlegung als geeignetsten Begleiter allen
Freunden vorgezogen hat, von Avignon auf – das Refu-
gium von Vaucluse im reizenden Tal der Sorgue, in welchem einst seinen Wohnsitz aufzuschlagen er sich bereits als Knabe bei seinem ersten Besuch gelobt hatte,
wird Francesco erst im folgenden Jahr erhalten. Gegen
Abend erreichen sie das am Fuß des Ventoux gelegene
Malaucène, nachdem sie fast fünfzig Kilometer zurückgelegt und Carpentras, ihre frühere Wohngemeinde,

durchquert haben. Dort ruhen sie sich einen Tag aus.
Am 26. steigen sie auf den Berg. Petrarca hatte die Besteigung schon lange im Sinn gehabt, da stößt er auf jene
Stelle bei Livius, wo geschildert wird, wie König Philipp V. von Makedonien den Gipfel des Haemus-Gebirges bestieg. Philipp habe, so konnte er lesen, den Berg
wegen des gleichzeitigen Ausblicks auf das Schwarze
Meer und die Adria bestiegen,[6] um von dieser Warte aus
sich seine Taktik für den bevorstehenden Krieg gegen
die Römer auszudenken. Petrarca hingegen trieb, fernab
aller praktischen Ziele, »allein der Drang, diesen außergewöhnlich hohen Ort zu sehen«[7]. Wenn schon einem
greisen Herrscher dieser Wagemut nicht zum Vorwurf
gemacht werde, rechtfertigt er sich, so möge ein solches
Unterfangen für ihn, einen politisch nicht tätigen jungen
Mann, einen *iuvenis privatus*, wohl entschuldbar sein.

Am Tag nach der Lektüre dieser Historikerstelle steigen
sie in die Höhe, begleitet von zwei Dienern, von denen
nicht weiter die Rede ist. Die warnenden Worte eines
greisen Hirten[8], der selber einst »mit demselben Ungestüm jugendlichen Feuers« den Gipfel erstiegen, aber
nur Reue und Mühsal davongetragen hatte – wenn
schon, würde er den alpinistischen Ruhm verdienen –,
steigern nur ihr Begehren. Aus der am Schluß dieser Begegnung gemachten Feststellung: »Während jener [der
Hirte] dies uns zurief, wuchs uns, ungläubig wie eben
jugendliche Herzen Warnern gegenüber sind, am Verbot
das Verlangen«, glaubt Giuseppe Billanovich herauslesen zu können, daß Petrarca hier aus der Sicht des reifen
Mannes »die Ungeduld und die Überheblichkeit der
Jungen erkennen und beklagen konnte«, daß der Brief
also erst beträchtliche Zeit nach der Besteigung abgefaßt

wurde (zur Datierung vgl. das Weitere). Während der Bruder zielstrebig den Gipfel anpeilt,[9] verliert sich Francesco auf der Suche nach einem bequemeren Weg in den Talgründen und auch in Betrachtungen über das selige Leben. Auch dieses, ein hohes und fernes Ziel, kann seiner Meinung nach nur unter größtem Einsatz aller Kräfte erreicht werden. Der physische Aufstieg wird zum Sinnbild des spirituellen. Auch den geradlinigen Aufstieg Gherardos »in immer höhere Zonen«, der so deutlich abgesetzt ist gegen das Säumen und wiederholte Ausweichen Petrarcas vor den alpinistischen Strapazen, wird von Billanovich zur Erhärtung seiner These der Spätdatierung beigezogen: Erst nach Gherardos blitzartiger Bekehrung und dessen Eintritt in die Kartause von Montrieux (1343) habe Petrarca auf den Gedanken kommen können, den Bruder als Vorbild zielgerichteten Aufsteigens zum Gipfel des Berges, bzw. des seligen Lebens, dem Leser vor Augen zu stellen.

Der Vergleich der Besteigung des Gipfels mit dem Aufstieg zum ewigen Leben richten ihm »in unglaublicher Weise Seele und Leib für den Rest des Weges auf«, und so erreicht er endlich die kleine Hochfläche des Ventoux. Die Intensität der sinnlichen Erfahrung übt eine betäubende Wirkung auf ihn aus: *stupenti similis steti* »stand ich [...] einem Betäubten gleich da«. Sein Blick richtet sich nach Osten, wo Italien liegt, die Alpen scheinen ihm zum Greifen nahe. Eine ungeheure Schaulust überfällt ihn, die Lust, die schon bei Augustinus die gefährlichste für das geistige Heil ist. Aber Petrarca erliegt ihr nicht. Die Betrachtung des Raumes führt ihn zur Betrachtung der eigenen Lebenszeit. Er durchgeht in Gedanken seine letzten zehn Lebensjahre, freut sich über die sittlichen

Fortschritte, beweint seine Unvollkommenheit und beklagt die allgemeine Wandelbarkeit des menschlichen
Tuns. Den in sich Versunkenen wecken die Begleiter,
und noch einmal, diesmal nach Westen und Süden,
eröffnet sich die Landschaft dem staunenden und genießenden Auge. Dieser Kampf zwischen Außen und In-
nen, zwischen Welt und Seele, endet damit, daß Petrarca
die ständig mitgeführte Taschenausgabe der *Confessiones* des Augustinus aufschlägt, wo ihm just jene Stelle
im zehnten Buch vor Augen kommt, an der das Staunen
des Menschen über die Mächtigkeit der Natur hart in
Gegensatz gesetzt ist zur Selbstvergessenheit des Menschen.[10] Petrarca ist »betäubt« und darüber erzürnt, daß
er jetzt noch Irdisches bewundert, wendet das innere
Auge auf sich selber, und stumm vollzieht er den Abstieg. Er ist überzeugt, daß Gott es war, der ihn gerade
diese Stelle aufschlagen ließ, wie er schon Augustinus
und Antonius lebensentscheidende Worte vor Augen
stellte. Im wiederholten Rückblick auf den vormals lok-
kenden Berg schrumpft ihm jetzt die Natur zur Bedeu-
tungslosigkeit zusammen. In einem abgelegenen Teil der
kleinen, bäuerlichen Herberge will er noch in der gleichen Nacht seinen Ventoux-Brief geschrieben haben.

Ehe noch einmal auf die Frage eingegangen wird, warum dieser Brief als Zeugnis einer Epochenschwelle an-
gesehen werden darf, muß eine Theorie erwähnt werden, die zu Aussagen des Briefes im Widerspruch steht.
Giuseppe Billanovich hat 1966 die These aufgestellt, daß
Petrarca den Brief erst schrieb, als er etwa fünfzig Jahre
alt war, daß der 26. April 1336 aus Gründen der Syn-
chronie mit Augustins Biographie und der Abstimmung

mit der eigenen Lebensgeschichte gewählt wurde und
daß sich Datum und Begleitumstände der Besteigung
nicht bestimmen ließen.[11] Wie Augustinus unter dem
Feigenbaum seines Mailänder Gartens die Paulusbriefe
aufs Geratewohl geöffnet und sich die Wahrheit der ihm
dort geoffenbarten Sätze zu Herzen genommen habe,
habe Petrarca die Tradition, die *sortes biblicae* zu erpro-
ben, mit neuem Geist erfüllt, indem er die *sortes pauli-
nae* der *Confessiones* in seine *sortes augustinianae* ver-
tauschte: »Das Datum der Besteigung wurde Petrarca
von der für ihn immer verführerischen oder sogar bin-
denden Parallele der ›Confessiones‹ auferlegt. Augustin
bekehrte sich kurz vor seinem dreiunddreißigsten Lebensjahr, zwölf Jahre, nachdem er mit Erschütterung
Ciceros ›Hortensius‹ gelesen hatte [...]. Gerade weil
Petrarca die genaue Übereinstimmung mit Augustins
Biographie einhalten wollte, gab er, Kind eines den Zahlen ergebenen Zeitalters, vor, er sei in seinem zweiund-
dreißigsten Lebensjahr, genau zehn Jahre, nachdem er
das Studio von Bologna verlassen hatte, nämlich am
26. April 1336, auf den Ventoux gestiegen [...]. Ungefähr in denselben Monaten, als Petrarca gegen fünfzig
war, konzipierte und schrieb er den reifen, völlig ausge-
feilten und deshalb vollkommenen Brief über den Ventoux, auf den er lange seine Aufmerksamkeit gerichtet
und für den er alle Möglichkeiten seiner unvergleich-
lichen Bibliothek ausgeschöpft hatte, [...] – und nicht
im Alter von dreißig Jahren, in der Ecke eines Hospizes,
an einem späten und lauten Abend [...]. Doch die
Schärfe und Präzision einiger Einzelheiten scheint zu
bestätigen, daß er die Bergtour wirklich durchgeführt
hat – ein Wagnis, das keiner seiner Zeitgenossen auf sich

nehmen wollte, wie er sich vom Hirten sagen läßt [. . .].
Es ist eitel, herausfinden zu wollen, wann und mit
wem er die Wanderung wohl unternommen hat« (1966,
S. 453 ff.).

Mag das Datum 1336 auch nur symbolisch gemeint sein,
mögen die Zweifel an der Realität des Erzählten auch
zutreffen – und dafür spricht vieles –, am geistesge-
schichtlichen Wert des Briefes ändert sich nichts. Er
bleibt ein Denkmal an der Schwelle zur Neuzeit oder,
nach Hans Blumenbergs Worten »einer der großen,
unentschieden zwischen den Epochen oszillierenden
Augenblicke«[12]. Sein Geist steht im Kreuzpunkt
des »schon« und des dennoch »noch nicht«. Petrarca
hat eine Erfahrung von Landschaft als ästhetische Erfahrung gemacht, die an Intensität alle vorausliegende
Landschaftserfahrung übertrifft. Wie Karlheinz Stierle
schreibt, ist »die Erfahrung der Landschaft, trotz der
spätantik-christlichen Vorformen, die man bei den griechischen Kirchenvätern findet, in ihrer perspektivischen
Gestaffeltheit bis zu den Grenzen eines fernen Horizonts eine ästhetische Erfahrung neuer Qualität«[13].
Auch »die Verbindung von ästhetischer und kontempla-
tiver Betrachtung scheint eine grundsätzlich neue Möglichkeit der Landschaftserfahrung zu sein«[14]. Denn dieses innerweltliche Interesse an Landschaft,[15] vorauswei-
send auf den Geist der welterobernden Renaissance,[16]
wird bei Petrarca zwar evoziert, aber gleich zurückge-
nommen durch die augustinisch gefärbte Reflexion mittelalterlicher Verneinung. Der Brief bezeugt einen küh-
nen Ausblick auf das Neue und zugleich die Rückkehr
ins Überkommene. Schon das Unternehmen an sich be-
durfte der Entschuldigung, denn sowohl den Menschen

der Antike wie den des Mittelalters zeichnete eine eigentümliche Scheu aus, die Welt von oben zu betrachten. Der natürliche Aufenthaltsort des Menschen ist unten, seine ihm gegebene Blickrichtung ist die von unten nach oben, die des *contemplator caeli*, des »Betrachters des Himmels«. Bei Petrarca wird die Unmittelbarkeit sinnlicher Erfahrung schon als befreiend und beglückend empfunden, aber durch Augustins Mahnwort als Frevel erkannt. Noch weist die mittelalterliche Heilssorge und Weltverneinung die neugierige Schaulust der Renaissance in die Schranken. Aber der erste Schritt zu einer neuen Weltsicht war getan.[17]

Anmerkungen zum Nachwort
und Materialien zur Rezeption

1 Im August 1865 unternahm Jean-Henri Fabre, der
große Insektenforscher, zusammen mit sieben Gefährten
seine dreiundzwanzigste Besteigung des Mont Ventoux.
Präzis und detailreich hat er seine botanischen, entomologischen
und geologischen Beobachtungen anläßlich dieser Besteigung
festgehalten. Einleitend gibt er eine sinnlich-anschauliche
Beschreibung des mächtig aufragenden »kahlen
Berges« (1977, S. 99): »Der Mont Ventoux läßt sich am besten
mit einem Haufen jenes Schotters vergleichen, den man
zum Unterhalt der Straßen benötigt. Denkt euch diesen
Haufen zweitausend Meter hoch, gebt ihm eine entsprechende
Basis, bekleidet den weißen Kalkfelsen mit dunklen
Wäldern, und ihr könnt euch von diesem Berg eine ziemlich
genaue Vorstellung machen. Der aus Splittern und riesigen
Blöcken bestehende Trümmerhaufen wächst unmittelbar
aus der Ebene empor, ohne Vorgebirge, ohne eine Folge von
Stufen, die den Aufstieg gliedern und dadurch weniger
mühsam gestalten würden. Der Anstieg beginnt sogleich
auf steinigen Pfaden, deren bester etwa einer frisch geschotterten
Straße gleicht, und der Aufstieg wird immer steiler
bis zum Gipfel auf 1912 Meter über Meer. Frische Matten,
fröhliche Bächlein, mit Moos bewachsene Steine, der Schatten
hundertjähriger Bäume – kurz, all jene Dinge, die einem
Berg etwas Liebliches verleihen – sind hier vollkommen unbekannt.
An ihrer Stelle haben wir eine nicht enden wollende
Decke von Kalksplittern, die beinahe metallisch klirrend
unter dem Fuße wegrutschen. Rieselnder Steinschlag,
das sind die Wasserfälle des Mont Ventoux; das Krachen
stürzender Felsen ersetzt das Murmeln der Bäche.«
Nicht immer ist der Mont Ventoux harmlos. Während des
Aufstiegs geraten die Berggänger in einen Regensturm, der
sie die Orientierung verlieren läßt. Schließlich finden sie in

einer Steinhütte Schutz. Um zwei Uhr morgens setzen sie den Aufstieg fort (S. 108 f.): »Während des Aufstiegs wird einigen ein wenig schlecht; die Müdigkeit und eine gewisse Verdünnung der Luft sind die Ursache davon. Das Barometer ist um 140 Millimeter gesunken; die Luft, die wir atmen, ist um ein Fünftel weniger dicht, enthält also ein Fünftel weniger Sauerstoff. Im Zustand des Wohlbefindens würde diese kleine Veränderung sicherlich unbeachtet bleiben, aber die Anstrengung des gestrigen Tages und die schlaflose Nacht verschlimmern das Unbehagen. Wir steigen deshalb sehr langsam empor, mit schwanken Kniekehlen und schwerem Schnauf. Mancher ist gezwungen, alle zwanzig Schritte anzuhalten, um zu verschnaufen. Endlich sind wir oben. Wir suchen in der ländlichen Kapelle vom Heiligen Kreuz Obdach, um wieder zu Atem zu kommen und auch, um die beißende Kälte des Morgens durch einige Schlucke aus der Feldflasche zu bekämpfen, die wir diesmal gänzlich leeren. Endlich geht die Sonne auf. Bis an die äußerste Grenze des Horizonts wirft der Mont Ventoux seinen dreieckförmigen Schatten, dessen Seiten infolge der Beugung der Lichtstrahlen violett schimmern. Im Süden und im Westen dehnen sich neblige Ebenen, in denen wir, wenn die Sonne höher steht, den Silberfaden der Rhone erkennen können. Im Norden und Osten breitet sich unter unseren Füßen eine gewaltige Wolkenschicht aus, eine Art Ozean aus weißer Watte, aus dem, wie Schlackeninseln, die schwarzen Gipfel der unter uns liegenden Berge emporragen. Gegen die Alpen hin erstrahlen einige Gletscherfirste.«

2 J. Gebser (1966) S. 19: »Bei dieser Gelegenheit sei bemerkt, daß die bekannten Bergbesteigungen, die Hadrian, Strabo und Lucilius unternommen haben, von diesen Römern aus vorwiegend administrativen und praktischen Überlegungen erfolgten und nicht aus ›ästhetischen‹ Gründen: Hadrian, ein Verwaltungsreformator, bestieg den Ätna, um das von ihm zu verwaltende Gebiet zu sehen, und der

staatsverfolgte Lucilius, ein Freund des Seneca, hatte durchaus praktische Ziele.«

3 »We must give up the charming notion of Petrarch *alpinista*, the first European to climb a mountain because it is there« (Michael O' Connell, »Authority and the Truth in Petrarch's ›Ascent of Mont Ventoux‹«, in: *Philological Quarterly* 62 (1983/84); zit. bei R. und D. Groh, 1992, S. 292.)

4 K. Stierle (1979) S. 11, unter Verweis auf J. Ritter (1974), der am Paradigma der Landschaftserfahrung die Funktion des Ästhetischen in der modernen Gesellschaft erfragt. Ritters zentrale These lautet: Natur als Landschaft kann es nur unter der Bedingung der Freiheit auf dem Boden der modernen Gesellschaft geben.

5 J. Burckhardt (1930) S. 211–215: »Allein außer dem Forschen und Wissen gab es noch eine andere Art, der Natur nahezutreten, und zwar zunächst in einem besondern Sinne. Die Italiener sind die frühesten unter den Modernen, welche die Gestalt der Landschaft als etwas mehr oder weniger Schönes wahrgenommen und genossen haben. [...] Für Italiener jedenfalls ist die Natur längst entsündigt und von jeder dämonischen Einwirkung befreit. San Francesco von Assisi preist in seinem Sonnenhymnus den Herrn ganz harmlos um der Schöpfung der Himmelslichter und der vier Elemente willen.

Aber die festen Beweise für eine tiefere Wirkung großer landschaftlicher Anblicke auf das Gemüt beginnen mit Dante. Er schildert nicht nur überzeugend in wenigen Zeilen die Morgenlüfte mit dem fernzitternden Licht des sanft bewegten Meeres, den Sturm im Walde u. dgl., sondern er besteigt hohe Berge in der einzig möglichen Absicht, den Fernblick zu genießen; vielleicht seit dem Altertum einer der ersten, der dies getan hat. Boccaccio läßt mehr erraten, als daß er es schilderte, wie ihn die Landschaft ergreift, doch wird man in seinen Hirtenromanen die wenigstens in seiner Phantasie vorhandene mächtige Naturszenerie nicht verkennen. Vollständig und mit größter Entschiedenheit bezeugt dann Petrarca, einer der frühsten völlig modernen Menschen, die Bedeutung der Landschaft für die erregbare Seele. [...]

Petrarca war nämlich nicht bloß ein bedeutender Geograph und Kartograph – die früheste Karte von Italien soll er haben entwerfen lassen – er wiederholte auch nicht bloß was die Alten gesagt hatten, sondern der Anblick der Natur traf ihn unmittelbar. Der Naturgenuß ist für ihn der erwünschteste Begleiter jeder geistigen Beschäftigung; auf der Verflechtung beider beruht sein gelehrtes Anachoretenleben in Vaucluse und anderswo, seine periodische Flucht aus Zeit und Welt. [...] Petrarca kennt doch bereits die Schönheit von Felsbildungen und weiß überhaupt die malerische Bedeutung einer Landschaft von der Nutzbarkeit zu trennen. Bei seinem Aufenthalt in den Wäldern von Reggio wirkt der plötzliche Anblick einer großartigen Landschaft so auf ihn, daß er ein längst unterbrochenes Gedicht wieder fortsetzt. Die wahrste und tiefste Aufregung aber kömmt über ihn bei der Besteigung des Mont Ventoux unweit Avignon. [...] Allein sie dringen mit unsäglicher Mühe weiter empor, bis die Wolken unter ihren Füßen schweben, und erreichen den Gipfel. Eine Beschreibung der Aussicht erwartet man nun allerdings vergebens, aber nicht weil der Dichter dagegen unempfindlich wäre, sondern im Gegenteil, weil der Eindruck allzu gewaltig auf ihn wirkt. Vor seine Seele tritt sein ganzes vergangenes Leben mit allen Torheiten; [...].

Einige Jahrzehnde später, um 1360, schildert Fazio degli Uberti in seiner gereimten Kosmographie die weite Aussicht vom Gebirge Alvernia zwar nur mit der Teilnahme des Geographen und Antiquars, doch deutlich als eine wirklich von ihm gesehene. Er muß aber noch viel höhere Gipfel erstiegen haben, da er Phänomene kennt, die sich erst mit mehr als 10000 Fuß über Meer einstellen, das Blutwallen, Augendrücken und Herzklopfen [...].«

J. Ritter (1974, S. 177, Anm. 31) betont zu Recht, daß J. Burckhardt das Scheitern von Petrarcas ästhetischer Landschafts- und Raumerfahrung nicht beachtet hat: »Das hat zur Folge gehabt, daß die Doppelheit von Kontinuität und Abbruch im Verhältnis der ästhetischen Landschaft zur philosophischen Theorie der Natur nicht beachtet worden ist, obwohl sie für ihre Entdeckung seit Petrarca entscheidend wird.« Trotzdem ist Burckhardts »Urteil als kanonisches in die Geschichtsbücher eingegangen« (R. und D. Groh, 1992, S. 290).

Alexander von Humboldt (1847, Bd. 2, S. 121, Anm. 82) hatte im Gegensatz zu J. Burckhardt in der umfassenden Geschichte der ästhetischen Naturerfahrung, mit der er den zweiten Teil seines Werkes *Kosmos* einleitet, Petrarca kaum erwähnt: »Mit Verwunderung vermisse ich dagegen allen Ausdruck von Naturgefühl in den Briefen des Petrarca: sei es, dass er 1345 [sic!], also drei Jahre vor dem Tode der Laura, von Vaucluse aus den Mont Ventoux zu besteigen versucht und sehnsuchtsvoll hofft in sein Vaterland hinüberzublicken, oder dass er die Rheinufer bis Cöln, oder den Golf von Bajä besucht. Er lebte mehr in den classischen Erinnerungen an Cicero und die römischen Dichter oder in den begeisternden Anregungen seiner ascetischen Schwermuth, als in der ihn umgebenden Natur.« Von Humboldts (übertriebene) Feststellung, Petrarcas Mont-Ventoux-Brief entbehre jeglichen Ausdrucks des Naturgefühls trifft sich im Kern mit R. und D. Grohs Überzeugung (vgl. Anm. 17).

6 J. Gebser (1966) S. 19: »Daß diese Bergbesteigung Philipps nicht mit der Petrarcas in ihrer Bedeutung gleichgesetzt werden darf, geht aus der Betonung hervor, die Livius darauf legt, daß man die *Meere* von dort aus sah, während er das Land, das eben noch nicht zur Landschaft geworden war, gar nicht erwähnt; diese Erwähnung der Meere ist durchaus als ein Hinweis darauf aufzufassen, daß der antike Mensch nicht den Raum sah, sondern die Seele, deren Bild [. . .] immer das Meer war.«

R. und D. Groh (1992, S. 294): »Petrarca unterschlägt [. . .], daß Philipp nicht aus bloßer Neugier, sondern aus strategischen Gründen den Haemus bestiegen hat, so daß im Brieftext beider Motive in eins fallen: Es ist Lust auf Welterkundung durch sinnliche Erfahrung um ihrer selbst willen. Diese Lust gilt Petrarca als eigentlich unerlaubt, ihr nachzugehen als Jugendsünde.«

7 J. Ritter (1974) S. 174, Anm. 23: »Das ›sola videndi cupiditate ductus‹ bei Petrarca (153,1) entspricht unmittelbar der ›Liebe zum Sehen ohne jeden Bezug auf Nutzen‹ (ἡ τῶν αἰσθήσεων ἀγάπησις . . ., χωρὶς τῆς χρείας), mit der Aristoteles Met. 1, 1 980 a 22 die Zugehörigkeit der Theorie zum Menschsein begründet.«

8 J. Ritter (1974) S. 146 f.: »Wie es bereits die Begegnung Petrarcas mit dem alten Hirten zeigt, ist Landschaft dem in der Natur wohnenden ländlichen Volk fremd und ohne Beziehung zu ihm. Berge sind Orte des Wetters, oder sie sind Göttersitze: vom böotischen Helikon steigen die Musen in Nebel und Nacht herab, um *Hesiodos*, den an seinen Hängen die Herde Hütenden, zum Dichter zu weihen. Natur ist für den ländlich Wohnenden immer die heimatliche, je in das werkende Dasein einbezogene Natur: der Wald ist das Holz, die Erde der Acker, die Wasser der Fischgrund. Was jenseits des so umgrenzten Bereiches liegt, bleibt das Fremde; es gibt keinen Grund hinauszugehen, um die ›freie‹ Natur als sie selbst aufzusuchen und sich ihr betrachtend hinzugeben. Landschaft wird daher Natur erst für den, der in sie ›hinausgeht‹ (transcensus), um ›draußen‹ an der Natur selbst als an dem ›Ganzen‹, das in ihr und als sie gegenwärtig ist, in freier genießender Betrachtung teilzuhaben.« In einer Anmerkung (Anm. 25, S. 174) zu diesen Überlegungen zitiert Ritter ein Gespräch P. Cézannes mit J. Gasquet zum Aufweis der »Nichtidentität der Natur als Landschaft mit der Natur des ländlichen Daseins«: »Bei den Landleuten habe ich manchmal gezweifelt, ob sie wissen, was eine Landschaft, was ein Baum ist [. . .]. Der Bauer, der

auf dem Markt seine Kartoffeln verkaufen will, hat niemals
den Saint Victoire gesehen [. . .]. Sie wissen, was da gesät ist,
hier, da am Wege entlang, wie morgen das Wetter sein wird,
ob Saint Victoire seinen Hut hat oder nicht, [. . .] aber daß
die Bäume grün sind, und daß dies Grün ein Baum ist, daß
diese Erde rot ist, und daß dies rote Geröll Hügel sind, ich
glaube wirklich, daß die meisten es nicht fühlen, daß sie es
nicht wissen außerhalb ihres unbewußten Gefühls für das
Nützliche.«

9 R. und D. Groh (1992) S. 297: »Wie weit der Autor in
seiner allegorischen Konstruktion des Briefes gegangen ist,
lehrt die Petrarca-Forschung. Daß sein Bruder Gherardo
auf einem geraden und steilen Weg dem Gipfel zustrebt,
kann in seiner allegorischen Bedeutung nur dann verstan-
den werden, wenn man weiß, daß Gherardo nach einem
wilden Jugendleben und nach dem Tod seiner Geliebten ins
Kloster eingetreten ist und seit 1343 den Heilsweg der
Weltaskese zu Gott beschritten hat. Gherardo, so könnte
man sagen, ist überhaupt nur aus allegorischen Motiven
zum Begleiter auf dieser Bergfahrt gewählt worden. Er
spielt denn auch im weiteren Verlauf der Ereignisse die
Rolle eines eher lästigen Statisten« (vgl. Anm. 6, S. 35).

10 J. Ritter (1974) S. 173, Anm. 11: »›Et eunt homines mi-
rari alta montium et ingentes fluctus maris et latissimos lapsus fluminum et Oceani ambitum et gyros siderum et relinquunt se ipsos nec mirantur [. . .]‹ (Conf. X,8.15). Die Sätze
stehen bei Augustinus im Zusammenhang der Lehre von
der memoria. Das Selbst und sein erinnerndes Gedächtnis
seien im Vergleich zur ›äußeren‹ Natur das Größere, sofern
Berg, Meer, Strom und Gestirn, die ich sehe, und der
Ozean, von dem ich nur durch Hörensagen weiß (credidi),
innerlich im Gedächtnis in der gleichen gewaltigen Ausdeh-
nung ohne sinnliche Vermittlung gegenwärtig zu sein ver-
mögen, in welcher ich sie ›außen‹ zu sehen vermag. Die
Sätze haben also bei Augustinus nichts mit Naturgenuß
und Naturbetrachtung zu tun; sie machen den ontologi-

schen Vorrang des Unkörperlichen über das Körperliche und sinnlich vermittelte Außenweltliche geltend. Petrarca dagegen liest die Stelle allein im Blick auf seinen Versuch, die Bergbesteigung als Form des Aufstiegs der Seele zum Gipfel seligen Lebens zu deuten. Er wird für ihn durch die Confessiones in Frage gestellt.

11 R. und D. Groh (1992) S. 292: »Wie der von ihm bewunderte Dante und andere Dichter seines Zeitalters war Petrarca fasziniert von der Zahlensymbolik, einem christianisierten und biblisch (Weisheit 11,21) legitimierten Erbe platonisch-pythagoräischen Denkens. Dem Mont-Ventoux-Brief hat er ein ausgeklügeltes Gerüst zahlensymbolischer Bezüge eingebaut, basierend auf den heiligen Zahlen 3, 6 und 10. Hier nur ein Beispiel: Bereits das fingierte Datum folgt dem tradierten Konzept eines typologischen Zeitverständnisses. Am 26. April 1336 befand sich Petrarca nämlich im 33. Lebensjahr, also im selben Alter, in dem Augustin seine Bekehrung in der Nachfolge Christi erlebt haben will. Außerdem verlangte die christliche Symbolik für eine Bekehrung vorzugsweise den April und einen Freitag, weshalb nur der 26. April 1336 in Frage kam, weil in der 26 immerhin die Zahl 6 enthalten war.« Weiter S. 304: »Der hier behandelte Brief ist nicht 1336, sondern erst 1353 entstanden [...].«

12 H. Blumenberg (1984) S. 142

13 K. Stierle (1979) S. 21. – Als Vorformen der Petrarcaschen neuen Erfahrung von Landschaft als ästhetische Erfahrung nennt Stierle (S. 15 f.)Briefwechsel griechischer Kirchenväter des 4. Jahrhunderts, die Landschaftsbeschreibungen enthalten, »die uns in ihrem Sinn für perspektivische Tiefenwirkung und landschaftliche Stimmung außerordentlich modern anmuten. Erstmals hat hierauf Alexander von Humboldt [...] hingewiesen. Humboldt zitiert dort eine Briefstelle des Gregorius von Nyssa, die deutlich machen kann, wie bereits im Christentum der Spätantike innerweltliche und die Innerweltlichkeit durchbrechende Erfahrung

sich in der Erfahrung der Landschaft verbinden konnten:
›Wenn ich [...] jeden Felsenrücken, jeden Thalgrund, jede
Ebene mit neu-entsprossenem Grase bedeckt sehe: dann
den mannigfaltigen Schmuck der Bäume, und zu meinen
Füssen die Lilien, doppelt von der Natur ausgestattet mit
Wohlgeruch und mit Farbenreiz; wenn ich in der Ferne sehe
das Meer, zu dem hin die wandelnde Wolke führt: so wird
mein Gemüth von Schwermuth ergriffen, die nicht ohne
Wonne ist. Verschwinden dann im Herbste die Früchte, fallen die Blätter, starren die Aeste des Baumes ihres Schmuk-
kes beraubt; so versenken wir uns (bei dem ewig und regel-
mässig wiederkehrenden Wechsel) in den Einklang der
Wunderkräfte der Natur. Wer diese mit dem sinnigen Auge
der Seele durchschaut, fühlt des Menschen Kleinheit bei der
Grösse des Weltalls‹.«

14 K. Stierle (1979) S. 93, Anm. 9. Er fährt dann fort:
»Rein innerweltliche, ästhetisch-genießende Landschaftserfahrung, auch der Fernlandschaft, kennt stellenweise auch
schon die römische Antike, indes ohne kontemplative Span-
nung. Vgl. besonders die reizvolle Landschaftsbeschreibung
im Brief des jüngeren Plinius an Domitios Apollinaris,
wo er diesem die Schönheit seines Landhauses in der Toscana und die Schönheit der umgebenden Landschaft preist«
(ep. V 6).

15 J. Ritter (1974) S. 150 f.: »Was bedeutet es dann, daß
mit der Bergbesteigung Petrarcas – für ihn selbst am Ende
unbegreiflich – die Geschichte beginnt, in welcher die Natur
als Landschaft neben die in der Philosophie und Wissenschaft begriffene Natur tritt? Was zwingt den Geist dazu,
auf dem Boden der Neuzeit ein Organ für die Theorie der
›ganzen‹ Natur als des ›Göttlichen‹ auszubilden, mit dem
diese als Landschaft nicht im Begriff, sondern im ästhetischen Gefühl, nicht in der Wissenschaft, sondern in Dich-
tung und Kunst, nicht im transcensus des Begriffs, sondern
in ihm als dem genießenden Hinausgehen in die Natur ver-
gegenwärtigt wird? Warum wird die betrachtende ›Bewun-

derung der Gipfel der Berge, der ungeheuren Fluten des
Meeres, der weit dahin fließenden Ströme, der Kreisbahnen
der Gestirne‹, die Petrarca am Ende im Sinne der Philosophie Augustins als ›Vergessen des Selbst‹ verwerfen muß,
zum Element einer neuen, bis dahin unbekannten Form der
›Theorie‹? Was heißt es, daß schließlich die ästhetische Auf-
fassung der Natur als Landschaft nicht weniger universal
wird, wie es ihr Begriff als Objekt der Wissenschaften ist?
Landschaft ist Natur, die im Anblick für einen fühlenden
und empfindenden Betrachter ästhetisch gegenwärtig ist:
Nicht die Felder vor der Stadt, der Strom als ›Grenze‹,
›Handelsweg‹ und ›Problem für Brückenbauer‹, nicht die
Gebirge und die Steppen der Hirten und Karawanen (oder
der Ölsucher) sind also solche schon ›Landschaft‹. Sie werden
dies erst, wenn sich der Mensch ihnen ohne praktischen
Zweck in ›freier‹ genießender Anschauung zuwendet, um
als er selbst in der Natur zu sein. Mit seinem Hinausgehen
verändert die Natur ihr Gesicht. Was sonst das Genutzte
oder als Ödland das Nutzlose ist und was über Jahrhunderte hin ungesehen und unbeachtet blieb oder das feindlich
abweisende Fremde war, wird zum Großen, Erhabenen und
Schönen: es wird ästhetisch zur Landschaft.«

16 J. Gebser (1966, S. 13 ff.) unterscheidet für die Zeit
nach Christi Geburt drei Epochen des europäischen Weltge-
fühls und der europäischen Weltbetrachtung: die erste, bereits abgeschlossene Epoche umfaßt die Zeit bis zur Renaissance, die zweite, vor ihrem Abschluß stehende, reicht bis
zur Gegenwart. Das unterscheidende Merkmal für diese
Epochen ist das Fehlen oder Vorhandensein der Perspektive. Die erste Epoche bezeichnet er als »unperspektivisch«,
die zweite als »perspektivisch«. Die in der Gegenwart
neu in Erscheinung tretende nennt er »aperspektivisch«. –
Auch für Gebser spiegelt sich im Ventoux-Brief Petrarcas
Bewußtsein, »sich auf der Grenzscheide zweier Welten«
zu befinden: »Diese Darstellung ist für die damalige Zeit
ein geradezu epochales Ereignis, denn sie bedeutet nichts

Geringeres als *die Entdeckung der Landschaft*, und in ihr kommt ein erstes Aufleuchten jenes Raumbewußtseins zum Durchbruch, das in der Folge grundlegend die Stellung des europäischen Menschen in und zu der Welt verändert« (S. 17).

Petrarcas Leistung habe darin bestanden, durch sektorielles Schauen Landschaft aus dem Ganzen der sichtbaren Welt (Pan-orama) herauszulösen: »Der gewaltige Eindruck, den der vom Gipfel aus vor ihm ausgebreitete Raum auf Petrarca macht, die Erschütterung, diesen Raum als Wirklichkeit zu sehen, die Sorge, ja Bestürzung, das Gesehene zu realisieren und zu akzeptieren – all dies spiegelt sich in dem Briefe dessen, der als erster in Europa aus dem transzendentalen Goldgrund der sienesischen Meister, aus dem noch in der Seele und in der Zeit gleichsam schlafenden Raume, hinaustritt in den ›wirklichen‹ Raum und damit die Landschaft entdeckt: die allseitige Bindung mit Himmel und Erde, die noch eine fraglose, eine undistanzierte unperspektivische Bindung war, zerreißt in dem Augenblicke, da ein Teil der ›Natur‹, durch seinen persönlichen Blick räumlich aus dem Ganzen herausgelöst, zu einem Stück *Land* wird, das er *schafft*. Es ist möglich, daß damit ein Teil des formenden (geistigen) Prinzips von Erde und Himmel, also sowohl von der ›Natur‹ in ihrem umfassenden Sinne als auch vom ›Göttlichen‹, auf den Menschen überging; wenn dem so war, dann freilich wuchs – man ist versucht zu sagen, von jenem Tage Petrarcas an – die Verantwortung des Menschen in einer Weise, von der wir angesichts der Situation unserer Zeit bezweifeln müssen, ob er ihr gewachsen war. Wie dem auch sei, die Tatsache dieser folgenschweren Entdeckung bleibt bestehen. Und aus dem Briefe Petrarcas darf man zumindest eine Beunruhigung über diese Entdeckung und die geahnte aus ihr entspringende Verantwortungsfülle heraushören« (S. 18 f.).

In der Umkehrung des Satzes *a locis* [*cogitatio animum*] *traduxit ad tempora* (Abschn. 19) zu *a temporibus traduxit ad loca* ließe sich die Quintessenz des Briefes in eine Formel fassen, wiewohl diese Akzentverschiebung hin zum Raum schließlich wieder revoziert wird. Gebser mißt dieser Verlagerung vom seelischen Innenraum hin zum perspektivischen Außenraum große Bedeutung zu: »Von jenem Tage auf dem Berge Ventoux an bis zu seinem Lebensende dauert nun der Kampf in Petrarca, der durch den Einbruch des Raumes in seine Seele – und man könnte mit dem gleichen Recht auch sagen: der durch den Ausbruch des Raumes aus seiner Seele – ausgelöst wurde: die alte Welt, die in dem Worte Augustins, *daß die Zeit in der Seele sei*, ihre bündigste Formulierung fand, jene alte Welt, in der nichts außerhalb der Seele Liegendes wunderbar und des Anschauens für wert befunden wurde, sie beginnt zu zerbrechen. Ganz allmählich verlagert sich der Akzent immer deutlicher von der Zeit in den Raum, bis im Materialismus des 19. Jahrhunderts der seelische Schwund ein heute den meisten offensichtlicher Verlust wird, den erst die jetzigen Generationen auf eine neue Weise zu überwinden beginnen. Damals aber, vor 600 Jahren, war der Übergang, der sich in Petrarcas Brief spiegelt, eine vorerst unerhörte Erweiterung des Weltbildes. Mit jenem Ereignis, von dem Petrarca selber fast prophetisch schreibt, daß es ›gewißlich ihm und vielen zugute kommen werde‹, beginnt eine neue Art der Naturbetrachtung, die realistisch, individuell und rational ist« (S. 21).

Gebser gibt einen »Abriß der Geschichte der Perspektive«, die mit Petrarcas Raumbewußtwerdung eingesetzt und mit Leonardo da Vincis Beherrschung aller perspektivischen Mittel ihren Höhepunkt erreicht habe. Da Vincis Aufstellung der Perspektivgesetze sei epochemachend gewesen: sie habe die *technische Zeichnung* ermöglicht, »die den Ausgangspunkt für die technische Entwicklung unserer Zeit darstellt. Mit dieser Tat fand ein Prozeß seinen Abschluß, der Jahrhunderte gebraucht hatte [. . .], um ins Bewußtsein zu treten und damit die Welt des Menschen grundlegend zu ändern. Erst mit Leonardo ist die unperspektivische Welt ausgeträumt, erst mit ihm wird die perspektivische klar gedacht« (S. 28).

Das erste Landschafts- und Raumerlebnis Petrarcas wird dank der Perspektivlehre und -anwendung Leonardos zu einem Allgemeinbesitz, zum Ausgangspunkt epochaler Entdeckungen und Erfindungen: »[...] in dem Moment, da Leonardo das Problem der Perspektive löst und damit die Möglichkeit für die Raumentäußerung ins Bild schafft, finden Ereignisse statt, die mit dieser Raumfindung Leonardos parallel gehen: Kopernikus sprengt den begrenzten geozentrischen Himmel und entdeckt den heliozentrischen Raum; Kolumbus sprengt den einschließenden Okeanos und entdeckt den Erdraum; Vésale, der erste große Anatom, sprengt die alten Körperlehren Galens und entdeckt den Körperraum; Harvey sprengt die gebundene Humoralmedizin eines Hippokrates und entdeckt den Blutkreislauf; Kepler sprengt das unperspektivische, kreis- und flächenhafte Weltbild der Antike, indem er statt der Kreisbewegung der Planeten, wie sie nach Ptolemäus noch ein Kopernikus annahm, ihre Ellipsenbahn nachweist [...], Galilei vertieft dann den Einbruch in den Raum durch die Perfektionierung und die astronomische Anwendung des Teleskops, das zu seiner Zeit in Holland erfunden worden war, bis sich schließlich, wie Leonardo es bereits vorentworfen hatte, der Mensch auch den Raum der Luft und den untermeerischen Raum eroberte. Wie stark das Bedürfnis um die Wende des 15. zum 16. Jahrhundert war, Raum zu gewinnen und die Fläche [...] zu durchbrechen, kommt nicht nur zum Ausdruck in der Ablösung der Malerei von der Sakralwand ins Tafelbild, also in dem Übergang von der Freskomalerei zur Ölmalerei, sondern selbst auf den kleinsten und alltäglichsten Gebieten. Um jene Zeit wurden die ersten Spitzen hergestellt: selbst der Stoff durfte nicht mehr nur Fläche sein; sie mußte durchbrochen werden, um den Hinter- oder Untergrund durchscheinen zu lassen« (S. 30 f.).

17 In ihrem 1992 erschienenen Aufsatz (S. 290 ff.) bestreiten Ruth und Dieter Groh, daß der Brief Petrarcas von der Besteigung des Mont Ventoux »eine Epochenschwelle in der Geschichte der ästhetischen Naturerfahrung« markiere, daß das Schema »Aufbruch ins Neue – Rückfall ins Alte« dem Text angemessen sei. Ihre Deutung stellt einen radikalen Bruch mit dem bisherigen Interpretationsmuster von J. Burckhardt bis K. Stierle dar. Schon die heute übliche Betitelung des Briefes mit »Besteigung des Mont Ventoux« sei Ausdruck eines rezeptionsgeschichtlichen Mißverständnisses. Nicht den Mont Ventoux wollte Petrarca darin thematisieren, sondern seinem Beichtvater Dionigi *de curis propriis*, von seinen eigenen Sorgen, seinen inneren Konflikten berichten. Der Dichter habe durch eine falsche Datierung bei den Lesern die Illusion genährt, »der Bericht sei spontaner Ausdruck eines überwältigenden Bergerlebnisses, zu Papier gebracht am Abend des 26. April 1336, unmittelbar nach der Rückkehr vom Mont Ventoux. In Wahrheit hat Petrarca den Brief erst 1353, also 17 Jahre später verfaßt, zu einem Zeitpunkt, an dem der Adressat bereits zehn Jahre tot war.« Unmöglich habe der Dichter den Brief gleich nach den physischen Strapazen des Tages »in hastiger Eile und aus dem Stegreif« niederschreiben können, zumal die rund zwanzig direkten und indirekten Zitate im Text den Zugriff zu seiner Bibliothek voraussetzten. Auch die kunstvolle Komposition spreche gegen eine spontane Abfassung: »Die Mittel, die der Autor dabei verwendet, erhärten die Vermutung, daß es sich hier um ein fiktives Dokument einer idealisierten Autobiographie handelt.« Ob Petrarca den Berg oder einen von vergleichbarer Höhe je bestiegen habe oder mit wem, darüber lasse sich nur spekulieren. Schon G. Billanovich (1966) war zu diesem gleichen Ergebnis gekommen. Aber nicht nur den fiktiven Charakter des Briefes heben die Autoren hervor, sondern sie verneinen das Mont-Ventoux-Erlebnis auch als Zeugnis einer Epochenschwelle in der Landschaftserfahrung. Natur als Landschaft habe im Mont-

Ventoux-Brief keine eigene Bedeutung, sondern nur eine solche, die sich in der Metapher für »Irdisches« erschöpfe. Nicht, wie J. Ritter sage, »um an der ganzen Natur und an Gott teilzuhaben«, sei Petrarca auf den Berg gestiegen, also nicht in der Tradition der *theoretischen* Kontemplation, die seit Platon und Aristoteles ihre Erfüllung darin findet, des Göttlichen teilhaftig zu werden, »sondern aus reiner Augenlust und aus Neugier im Bewußtsein eines moralphilosophisch unstatthaften Unternehmens«. Der Autor stelle von vornherein das ganze Unternehmen der Besteigung unter das Verdikt Augustins, und er wolle, daß sein Leser die Geschichte dieses Tages als Bekehrungsgeschichte verstehe: »Von der ästhetischen Erfahrung *äußerer* Natur im Sinn der theoretischen Kontemplation, Augustinisch gesprochen: von dem Weg, über die sichtbare Schönheit der Welt zur Erkenntnis des unsichtbaren Gottes zu gelangen, ist auch hier [in den Allegorien der Aufstiegsgeschichte] keine Rede.« Selbst auf dem Gipfel verleihe er seiner ästhetischen Faszination durch den Anblick der weiten Landschaft kaum Ausdruck: »Dreimal ändert er seine Blickrichtung auf die Landschaft: Er schaut zuerst nach unten, dann in Richtung Alpen und Italien und zuletzt nach Westen. Jedesmal benennt oder beschreibt er kurz und äußerst nüchtern, was er sieht, beziehungsweise nicht sieht, und wendet sich dann unverzüglich dem Innenweltdiskurs der *memoria* zu: der Erinnerung an Gelesenes und Gelebtes, an Raum und Zeit seiner eigenen Lebensgeschichte.« In der Lektüre der Stelle im 10. Buch der *Confessiones*, wo Augustin das seelenlose Bestaunen irdischer Natur, die bloße Augen- oder Sinnenlust beklagt – der dramatische Höhepunkt des Briefes –, »erkennt sich Petrarca im Gelesenen wieder. Vor den Augen seines großen Vorbildes steht er als Sünder da, der sich unchristlich an die Welt verliert. Das irdische Vergnügen kann offensichtlich nicht zu einem irdischen Vergnügen in Gott erhöht werden.« Auch den Abstieg deuten die beiden Autoren ganz im Schema ihres allegorischen Ansatzes: »Petrarca

schließt die *Confessiones* im Zorn darüber, daß er Irdisches
bewundert hat, wendet das innere Auge auf sich selbst und
spricht während des langen Abstiegs vom Berg kein einzi-
ges Wort mehr. Er vollzieht hinsichtlich der äußeren Natur
– er macht sich selbst blind und stumm – seine Bekehrung
als sinnliche Askese. Rückschauend schrumpft ihm der Berg
zu einer Nichtigkeit von der ›Höhe einer Elle‹. Was die äußere Natur dem Menschen bietet, sind, sagt er, ›nur leere
Schauspiele‹: ›nichts ist bewundernswert außer der Seele:
Neben ihrer Größe ist nichts groß‹. Hinsichtlich der *cupiditas videndi* wird der Abstieg zum spirituellen Aufstieg, so
wie der Aufstieg sich als spiritueller Abstieg ins Tal der
Sünde entpuppt hatte.« In der Rückschau werde der wirk-
liche Berg zum allegorischen Berg einer Lebenskrise und
ihrer ersehnten Überwindung: »Die Rückschau zeigt zugleich überdeutlich: Das Brief-Ich betrachtet die äußere Natur ganz aus der moralphilosophischen Perspektive seines
Lebensproblems. Und aus dieser Perspektive wird Natur in
ihrer konkreten, sinnlich erfahrbaren Gestalt unwichtig gegenüber ihrer Funktion als Zeichen für alles bloß Irdische
und damit zur festen Chiffre in einem moralphilosophischen Diskurs.«
Der Mont Ventoux erschöpfe sich im Brief in seiner allegorischen Funktion: »Der Mont Ventoux steht uns nach dieser
Lektüre in der Hauptsache als allegorischer Berg vor Augen: als Metapher für den Gipfel des Überirdischen auf der
einen Seite, als Metapher für den Gipfel des Irdischen auf
der anderen. Beide antithetischen Gipfel verweisen wechsel-
seitig aufeinander, sind in ihrer Bedeutung voneinander ab-
hängig. Den einen zu bejahen, heißt den anderen zu verneinen. Weltverfallenheit oder Heilssorge, *tertium non datur* –
jedenfalls nicht in diesem Brief. Das Irdische steht für alles,
was Augustinisch gesprochen unsere Seele haben will, die
nur Gott haben darf. In unserer Redeweise steht es für alles,
was zur Obsession werden kann, zur Sucht: Ruhm, Leiden-
schaft, Sexualität, sinnlicher Genuß jeder Art. Die moral-

philosophische Dialektik dieser beiden allegorischen Gipfel
konstituiert im Briefbericht die Lebenskrise des Autors.
Der Berg als Ort und Anlaß einer metaphorischen Bekehrung, der Berg als eine Kette metaphorischer Verweisungen,
schließlich der Berg als Emblem einer Lebenskrise: der
Mont Ventoux wird zur Allegorie von Metaphern.«
Der Brief über die Besteigung des Mont Ventoux sei der einzige Text Petrarcas, in dem das Verhältnis des Autors zur äußeren Natur problematisiert und in die Darstellung seines
Lebenskonflikts einbezogen sei. Landschaftsgenuß in einem
profanen, rein ästhetischen Sinn, ohne christliche Perspektive, ohne Bezug auf Höheres, sei in seinen andern lateinischen Briefen und metrischen Episteln selbstverständlich:
»Der Mont-Ventoux-Brief ist anscheinend der einzige litera-
rische Ort in seinem Werk, in dem diese Selbstverständlich-
keit von der Augustinischen Moralphilosophie in Frage gestellt wird. Natur als Landschaft steht hier nur als *schwaches
Zeichen* für alles, was die Seele des Menschen haben will, für
alle seine Obsessionen, und ihre Bedeutung geht in dieser
Funktion als Zeichen auf. Oder anders gesagt: Landschaft als
Gegenstand ästhetischer Erfahrung ist im Mont-Ventoux-
Brief nicht Petrarcas Thema; ästhetische Naturerfahrung ist
nicht sein Thema, weil sie nicht sein Problem ist.«
Nicht als Pionier einer modernen ästhetischen Naturerfah-
rung, sondern als Träger des Bewußtseins, sich vollständige
Autonomie nicht erlauben zu können, erweise sich Petrarca
als Dichter der Epochenschwelle zwischen Mittelalter und
Neuzeit. Er wisse zwar um die Notwendigkeit der Bekehrung, das heißt der Abkehr von seinem Streben nach *amor*
und *gloria*; diese jedoch bedeute Verzicht auf künstlerisches
Wirken, somit Selbstaufgabe, die zu leisten er nicht bereit
sei; der Preis für diese Selbstbehauptung sei ein schlechtes
Gewissen: »Die von der Tradition gestellte Alternative Gott
oder Abgott, Gott oder Werk, Gott oder Ich hat er für sich
selbst und sein Werk entschieden und damit zugleich für
sein unglückliches Bewußtsein.«

Inhalt

Lateinische Literatur
des Mittelalters und des Humanismus

IN RECLAMS UNIVERSAL-BIBLIOTHEK

Zweisprachig (Auswahl)

Philipp Reclam jun. Stuttgart

Italienische Literatur

IN RECLAMS UNIVERSAL-BIBLIOTHEK

Philipp Reclam jun. Stuttgart